R Heinicke

Alfred P. Walter

Bonjour Charlotte Mein neues Leben in Südfrankreich

Der Traum von der Liebe

Roman

WUNDERLICH TASCHENBUCH

Originalausgabe
Veröffentlicht im Rowohlt Taschenbuch
Verlag GmbH, Reinbek bei Hamburg,
September 1998

Redaktion Sabine Lammers
Umschlaggestaltung Susanne Heeder
(Foto: Tony Stone Images/Geoffrey Nilsen)

Autorenfoto: privat
Satz: Minion PostScript (PageOne)
ISBN 3 499 26048 4

Winterträume im Süden

Philipp sprang aus dem Bett.

«Die Ziegen!» rief er, und schon war er fort.

Ich konnte mich im ersten Moment nicht orientieren. Es war mitten in der Nacht, und seltsamerweise hatte ich gerade von Jujube geträumt, der Ziege, mit der mich ein seltsam inniges Verhältnis verband.

Da hörte ich sie auch. Es war, als würden unsere Ziegen schreien. Oder waren es die von Claude? Ich sprang aus dem Bett, zog mir beim Hinausgehen etwas über, und schon war ich draußen. Ein heftiger, kalter Wind heulte, ein sehr heller Vollmond gab der Welt eine gespenstische Beleuchtung, und an den Stellen, die das Mondlicht nicht erreichte, herrschte schwarze Dunkelheit.

«Philipp!» rief ich.

«Charlotte, komm schnell!»

Es waren Claudes Ziegen. Die Tür stand offen, zwei Tiere lagen draußen vor dem Stall am Boden. Sie bewegten sich nicht, ich sah einige große, klaffende Wunden, und überall war Blut. Ich nahm eine Bewegung wahr, und erst sah ich Philipp. Er schlug mit einem Knüppel auf ein großes Tier ein, daß sich im Hals einer weiteren Ziege verbissen hatte und wie eine wilde Bestie heiser knurrte. Aus dem Maul der Ziege kamen leise, klägliche Laute, und ihre Augen leuchteten in Todesangst. Dann sah ich den Knüppel krachend auf dem Kopf des Angreifers landen. Er gab ein klägliches Winseln von sich, ließ von der Ziege ab und verschwand in der Dunkelheit. Es war ein großer, dunkler Hund.

Philipp kniete neben der Ziege nieder und sagte tonlos:

«Sie wird nicht überleben.» So hatte ich ihn noch nie gehört.

Dann ging ich in den Stall. Claudes Tiere waren alle tot, ihr Anblick war schrecklich. Mir stockte der Atem. Sie lagen verrenkt herum, blutig, zerbissen, und ich meinte, noch die Angst zu spüren, die schwer im Raum hing. Nur mit Mühe konnte ich die Tränen zurückhalten.

«Es war der Hund der jungen Leute, der Vorbesitzer vom Biowein», sagte Philipp, immer noch außer Atem und kreidebleich. Noch nie hatte ich bei ihm eine solche Gesichtsfarbe gesehen.

Wir hörten unsere eigenen Ziegen in ihrem Stall klagend rufen. Philipp stand auf, ging hinüber und rief:

«Hier ist alles in Ordnung, Charlotte, Gott sei Dank!»

Da trat Gerhard neben mich, schlaftrunken rieb er sich die Augen.

«O nein, o nein», war alles, was er von sich geben konnte. Als er die am Boden liegende Ziege mit dem zerbissenen Hals sah, schickte er mich zu Philipp.

«Ich werde mich um Rose kümmern.»

Als Philipp und ich zurückkamen, saß Gerhard mit tränenüberströmtem Gesicht auf dem Boden. Er hatte Roses Kopf auf seinem Schoß. Sie war tot.

Wir begruben die toten Tiere noch im Morgengrauen, und uns allen liefen die Tränen herunter, wir konnten sie nicht zurückhalten. Philipp schluchzte.

Am Frühstückstisch herrschte eine schreckliche Stimmung, niemand mochte etwas essen, keiner sprach. Wir schauten uns nicht einmal an. Philipp hatte sich zum Fenster gewandt, und ich sah, wie sein Hemdkragen dunkler und dunkler wurde. Die Tränen liefen ihm über das Gesicht, am Hals hinunter, auf den Kragen. Der blaue Himmel, die Sonne, alles erschien mir hohl und sinnlos.

«Kommen Rose und Chrysantème und die anderen zu Claude in den Himmel?» fragte Anna auf der Fahrt zur Schule.

«Ja, bestimmt.»

«Und freut sich Claude dann?»

Manche Antworten auf Kinderfragen sind halt schwer zu geben. Was immer man sagt, kann falsch sein, und so versuchte ich, mich aus der Affäre zu mogeln:

«Ja und nein. Er freut sich, daß er nicht mehr allein sein muß, aber er ist natürlich nicht froh, daß ein Hund sie getötet hat.»

Ich jedoch war froh, als sie nicht weiterfragte. War denn wirklich der Himmel voller toter Ziegen? Und wie war es mit Hunden und Katzen und Hamstern?

Es war der Hund unserer ehemaligen Nachbarn, der jungen Leute, die sich am Biowein versucht hatten, jedoch an den illegalen Hanfpflanzen gescheitert waren und nun im Gefängnis saßen. Zusammen mit unseren Nachbarn Henri und Marie de La Ville hatten wir den Hof mit den Weinfeldern ersteigert. Daß deren Hund noch frei herumlief, war uns nicht im

Traum eingefallen, und innerhalb weniger Monate war aus einem Hofhund eine reißende Bestie geworden, die hungrig und einsam mordend herumzog.

«Ich kann mich morgen mit meinem Jagdgewehr auf die Lauer legen», bot unser Nachbar Henri an, doch das lehnten wir ab. Wir würden unseren Stall gut verschließen, dann gab es kein Risiko mehr. Es stellte sich heraus, daß Anna abends noch einmal bei Claudes Ziegen gewesen war und die Tür nicht richtig verschlossen hatte. Ich vermutete, daß sie mit ihrem im letzten Jahr verstorbenen Freund Claude bei seinen Ziegen Zwiesprache gehalten hatte. Er war für sie mehr als ein alter Mann, er war ihr ein Opa und Freund zugleich. Ich traute mich nicht, ihr deswegen Vorwürfe zu machen.

«Das war der *loup-garou*, der kann Türen aufmachen», sagte sie bestimmt.

Der *loup-garou* war eine Sagengestalt aus dem Midi, mit der man hier Kindern angst macht, Anna hatte sie aus dem Kindergarten mitgebracht. Er soll schrecklich anzusehen sein, gefährlich, halb Tier, halb Mensch.

Wir würden uns angewöhnen, abends die Türen zu kontrollieren, dann konnte uns kein *loup-garou* mehr etwas anhaben. Und mit diesem Vorsatz wollten wir uns zurückfallen lassen in unseren Winterschlaf.

Kaum hatte ich mein Buch in die Hand genommen, klingelte das Telefon.

«Nach den Sommerferien sind Kommunalwahlen», sagte der Bürgermeister mit ernster Stimme, «und es könnte sein, daß ich diese Wahl nicht gewinne.»

«Wenn wir wählen dürften, würden wir Ihnen unsere Stimme geben, das ist sicher.»

«Vielen Dank, das ist sehr freundlich von Ihnen, doch darum geht es nicht. Es geht um die Baugenehmigungen. Sie sind im nachhinein erteilt worden. Das ist nicht so, wie es normalerweise läuft, verstehen Sie? Wenn jemand darüber stolpert, rufen Sie mich an, damit wir gemeinsam überlegen können, ja?»

Diese Ankündigung fand ich nicht gerade beruhigend, Philipp jedoch sagte:

«Ach was, wenn es tatsächlich einen neuen Bürgermeister gibt, hat er erst einmal alle Hände voll zu tun, und wer weiß überhaupt ...»

Kaum hatte ich mich wieder gemütlich zurückgelehnt, klingelte das Telefon noch einmal. Es wurde einfach nichts mit der Ruhepause.

«Vermieten Sie eigentlich auch im Winter?»

Damit hatte ich nicht gerechnet, obwohl unsere Ferienwohnungen beheizbar waren. Ein Berliner Drehbuchautor hatte herausgefunden, daß er zusammen mit seiner kinderreichen Familie mit der Arbeit nicht vorankam, er träumte von absoluter Ruhe zum Arbeiten, von stiller Natur, die ihn nicht ablenkte, am liebsten im Süden. Nein, in die verschneiten Berge wollte er nicht, sondern unbedingt in den Midi. Er hätte von Freunden gehört, daß wir vermieteten.

«Es kann um diese Jahreszeit aber kalt sein ...»

«So kalt wie in Berlin?»

«Kaum, fast nie eigentlich.»

«Dann komme ich.»

«Es kann regnen, viel regnen.»

«Das macht mir nichts, ich komme zum Arbeiten.»

«Es kann sogar Frost geben.»

«Na und, hier ist es auch kalt.»

Zum Schluß kam ich mir seltsam vor, so als wollte ich ihm mit Gewalt die winterliche Ruhe Südfrankreichs ausreden. Ich sagte zu: vier Wochen Aufenthalt, gemeinsame Mahlzeiten am großen Tisch.

«Und ab wann kann man frühstücken?»

Diese Frage hatte ich noch nie vernommen, nicht von Gästen.

«Ab halb sechs Uhr morgens, eigentlich sogar ab fünf.»

«Hervorragend, ich nehme fünf Uhr. Dann ist der Tag ausreichend lang, und ich werde gut mit meiner Arbeit vorankommen.»

Bereits morgens einen Frühstücksgast zu haben, das veränderte unsere Gewohnheiten. Philipp hatte Bedenken, denn der frühe Tag gehörte bisher uns beiden allein, wir genossen täglich die gemeinsame Ruhe vor dem Sturm. Unser Gast hieß Bernd, war so alt wie Philipp, 51 Jahre also, und er war fröhlich bis abwesend, aß gern, aber schnell, denn er wollte sofort wieder an seinen Computer. Abends ging er zeitig ins Bett, morgens stand er um halb fünf auf, damit er um halb sechs arbeiten konnte, und wir sahen ihn wirklich nur zu den Mahlzeiten. Er schätzte meine Küche sehr und trank nur zum Mittagessen ein Glas Wein, anschließend ging er genau eine Stunde in der Garrigue spazieren. Trotzdem wurde er immer blasser, je weiter sein Drehbuch voranschritt. Er arbeitete unmenschlich, wie ein Automat, und verließ uns nach genau vier Wochen, froh, zu seiner Familie zurückzukehren.

«Ich komme wieder», sagte er, «das ist sicher. Wenn ich es jetzt schon so genossen habe, dann muß ich doch mal sehen, wie es ist, wenn ich Zeit habe und mich menschlich fühle.»

Als er das sagte, hatten wir jedoch bereits kaum noch Termine für den Sommer frei. Seit Ende Oktober hatte es Anmeldungen gehagelt. Wir waren sehr zufrieden, nein, wir waren sogar stolz, daß unsere Entscheidung, St. Martin zu kaufen und an Feriengäste zu vermieten, derartigen Erfolg hatte.

Die Winterruhe nutzten wir, unsere Freunde bei uns zum Essen zu empfangen. An diesem Tag fanden Norbert und Resi, unser Ziegenkontakt der ersten Stunde, nach langer Vorbereitung endlich den Weg zu uns. Darüber freuten wir uns besonders, wußten wir doch mittlerweile selbst, daß Menschen, die Tiere halten, sich nicht lange entfernen können. Was hatten wir für ein Glück, daß wir nicht allein waren auf St. Martin, wir hatten ja immerhin Sabine und Gerhard, und bald würde auch unser Sohn Martin wieder bei uns sein. Norbert und Resi hatten Wochen benötigt, die Melkzeiten ihrer Ziegen zu verschieben, morgens eine und am Abend zwei Stunden früher. Bevor sie sich zu uns an den Tisch setzten, hatte sie ihre Tiere also morgens um vier Uhr das erste Mal gemolken, nach dem Mittagessen hatten sie wegen des frühen Aufstehens eine Stunde schlafen müssen, um gleich anschließend, um drei Uhr, die Ziegen wieder zur Melkmaschine zu bitten. Dann ging es ans Frischmachen, Umziehen, Haus und Ställe verschließen, den Berg hinunterfahren, dann noch zwei Stunden quer durch die Küstenebene des Mittelmeers, bis hin zu uns auf die Hochebene der Hortus-Berge. Sie brachten Sven mit, ihren Jüngsten.

Ich hatte mir vorgenommen, sie wegen der umständlichen Vorbereitung richtig zu verwöhnen, denn unsere Ziegenzukunft begann dort oben in ihrem Paradies auf dem Berg, als Philipp von einer ihrer Ziegen «geküßt» worden war.

Ich stellte ein ganz und gar südliches Menü zusammen, das uns den Sommer als Vorfreude auf den Teller bringen würde. Vor dem Dessert gab es natürlich Käse, jedoch ausnahmsweise keinen Ziegenkäse, denn ich fand, niemand machte ihn besser als Resi und Norbert. Ich hatte einen hochreifen Vacherin Mont d'Or besorgt, der in den Bergen des Haut Doubs in der Franche Comté an der Schweizer Grenze hergestellt wird. Dazu tranken wir eine Flasche Vin Jaune aus Arbois im benachbarten Jura, jenen aromatischen, trockenen Weißwein, dessen köstliche Herbheit sich mit diesem sahnigen, milden Käse, der so weich ist, daß er mit dem Löffel aus der Spanschachtel genommen werden muß, auf das wunderbarste vermählt. Ich hatte ein zweites Mal Brot gebacken, und als wir den himmlischen Käse auf das noch heiße Brot strichen, verdrehte Norbert die Augen.

«Aah«, sagte er, «was für ein Käse ...»

Auch wenn er nicht von Ziegen ist.

«Und bei euch kann man auf diese Weise essend sogar Urlaub machen?» fragte er nach dem Essen und lehnte sich zufrieden und satt zurück. Ich gebe zu, es war eines der schönsten Komplimente, die man mir machen konnte.

«Wer es wirklich schätzt, zieht gleich hierher. Nicht wahr, Gerhard?»

«Na ja, und was meinst du, ist der wahre Grund, weshalb ich doch nicht weitergezogen bin?»

Ein entsetzter Seitenblick von Sabine brachte ihn schnell zum Verstummen. Das Thema schien bei ihnen immer noch schmerzbesetzt. Zu sehr hatte sie bangen und leiden müssen, bis er sich endlich für sie und Anna und St. Martin entschieden hatte.

In diesem Moment fragte Anna zum Glück:

«Was meint ihr, ob Claude mich sieht? Ich meine jetzt, im Moment, hier am Tisch.»

Sie konnte ihn nicht vergessen, sie lebte zwei Monate nach seinem Tod immer noch mit ihm, als wäre er neben ihr. Es war rührend zu sehen, wie nahe dieser alte Mann ihr war.

«Er schaut dich die ganze Zeit an, Anna, denn du bist der Mensch, der ihm auch jetzt noch am aller-, allerwichtigsten ist.»

«Ich?»

«Ja, du.»

Sie lächelte, und ich strich ihr übers Haar. Dann hob Norbert sie hoch, setzte sie auf seinen Schoß und sagte:

«Weißt du, meine Mutti, die ist auch dort oben, und die schaut mir auch die ganze Zeit zu. Claude und sie haben sich sicher schon lange kennengelernt, und sie stehen dort zusammen und schauen herunter.»

«Meinst du, sie müssen die ganze Zeit stehen?»

Er schaltete schnell um:

«Weißt du, in den Ferien, da kommst du einfach mal eine Woche zu uns. Unser Sven ist zwar erst fünf Jahre alt, aber ich denke, ihr beide könntet viel zusammen machen. Und Ziegen haben wir auch. Na, hast du Lust?»

Anna nickte: «Gut, ich komme. Aber nur wegen Sven, damit er nicht so allein ist, denn Ziegen haben wir hier auch.»

Und damit stand sie auf, nahm Sven bei der Hand und ging mit ihm nach draußen.

«Das war doch ein Kompliment für Sven, oder?» fragte

Norbert und schaute den beiden Kindern nach, die im Dunkeln in Richtung Ziegenstall gingen.

«Wirkliche, echte Beziehungen beginnen eben früh», sagte Philipp schmunzelnd.

Wir sahen unsere Freunde viel zu selten. Sie waren derart in ihren Arbeitsablauf eingespannt, daß sie fast nie gemeinsam den Weg zu uns fanden, und auch wir konnten häufig nur treffen, wer zu uns kam. Als sie in der Nacht nach Hause fuhren, hatte der Mond einen breiten Hof, und die Sterne funkelten und blinkten, als würden sie Zeichen geben. Es war sehr kalt und trocken im Midi.

Als in dieser Nacht der Schnee fiel, schliefen wir. Das frischgefallene Weiß leuchtete im Mondschein, die Sterne funkelten an einem dunkelblauen Himmel. Über St. Martin und der Landschaft lag eine ungewohnte Stille. Philipp fand seine gefütterten Stiefel nicht und ging fluchend in Halbschuhen durch den weißen Schnee hinüber zum Ziegenstall. Er fand sie später in einem Abstellraum – verschimmelt.

Die drei majestätischen Pinien hinter unserer romanischen Kirchenruine sahen mit ihren weißen Kappen aus wie herausgeputzt, die Garrigue war unerwartet hell, auf ihren Stein- und Kermeseichen lag der Schnee wie Watte, ebenso auf den blattlosen Reben in dem endlosen Weinfeld vor unserem Wohnhaus. Der Schnee war offenbar ohne Wind aus dem Himmel herangeschwebt, er blieb selbst auf den Drähten zwischen den Rebstöcken liegen. Ich machte schnell ein paar Fotos, dann ging ich hinüber zum Ziegenstall, wo es angenehm warm war. Unser gutmütiger Riese, der schwarze Hofhund Olli, begleitete mich ausgelassen springend und, wie mir schien, grinsend ob der weißen Jubelpracht. Jujube, meine Lieblingsziege, stupste mich drinnen sofort mit ihrer Nase an, uns verband eine starke gegenseitige Sympathie.

Als Philipp die Türen zur Ziegenwiese weit öffnete, schauten die Tiere erstaunt und gingen nur zögernd hinaus in das ungewohnte Weiß. Es dauerte jedoch nur einige Sekunden, bis Leben in sie kam. Sie scharrten mit den Hufen, schoben ihre Nasen in den Schnee und veranstalteten ein Winterfest mit wilden Bocksprüngen. Sie nahmen Anlauf und rutschten, sprangen aus dem Stand hoch in die Luft, daß ihnen die Beine wegrutschten, als sie wieder auf die Erde aufkamen. Sie freuten sich ebenso wie Anna, die wenig später völlig aus dem Häuschen geriet, noch vor der Schule einen Schneemann baute und sich bereits auf eine Schnellballschlacht mit ihren Freunden freute. Als wir vor der Schule ankamen, sahen wir jedoch nur noch einen schmuddeligen Rest vom Schnee, ein zusammengefegtes, von der Sonne malträtiertes Häuflein, das nach mehreren Seiten Rinnsale absonderte. So ist es halt im Midi.

Ich gebe zu, das war nicht der gesamte Winter, doch für uns war es immerhin einer der wichtigsten klimatischen Höhepunkte.

Martin schrieb aus Hamburg:

«... je länger der Winter dauert, diese entsetzlich nasse Kälte, die lichtlose Zeit, desto mehr Heimweh bekomme ich nach dem Midi, selbst wenn es dort jetzt auch kalt ist. Ich kann mich nicht erinnern, wann ich den letzten blauen Himmel gesehen habe, die Sonne ...»

Bei diesem Satz standen plötzlich die kalten, dunklen Winterabende im Norden Deutschlands vor mir, und ich bekam eine Gänsehaut. Philipp wollte das jedoch nicht so hinnehmen:

«Denk doch nur mal an die gemütlichen Abende, an denen man mit Freunden zusammensaß, Punsch oder Grog trank und freundlich zueinander war. Draußen tobte der Sturm, der Schneeregen peitschte gegen die Fensterscheiben, und man saß drinnen im Warmen und fühlte sich wohl.»

Damit hatte er auch recht.

Und dann sprach mich Annas Lehrerin vor der Schule an:

«Ist Annas Vater nicht Pantomime? Ich hörte, daß er sogar Kurse gibt, stimmt das?»

Ich bestätigte es.

«Das ist ja hochinteressant. Meinen Sie, er würde auch eine Vorstellung in der Schule geben können? Gegen Honorar, selbstverständlich.»

Da war ich sicher.

«Und meinen Sie, er könnte in der Schule vielleicht sogar einen Kurs geben?»

Ja, warum eigenlich nicht?

Als ich Gerhard am Nachmittag frage, war er sofort begeistert.

«Ich spiele gern vor Kindern, sie sind mein liebstes Publikum», sagte er, «denn für sie ist Pantomime magisch.»

Die *école primaire* von St. Jean d'Hortus war der unerwartete Anfang von Gerhards lang ersehnter Karriere, ein zartes Pflänzlein noch, doch es würde sich im Laufe des Jahres zeigen, daß daraus ein ganzer Blumengarten werden würde.

GRATINIERTE COURGETTEN MIT ZIEGENKAESE

- 6 + 1 mittlere Courgetten (Zucchini)
- 1 Knoblauchzehe • 1 Suppenlöffel Olivenöl
- 20 cl Crème fraîche • 3 frische Pelardons
- Salz und Pfeffer • 1 Ei

Die Courgetten schäle ich gestreift, dann halbiere ich sie der Länge nach. Das Fleisch und die eine Courgette gebe ich in eine Pfanne mit dem Olivenöl, gebe den gehackten Knoblauch hinzu und lasse die Courgetten anschmelzen. Ich nehme die Pfanne vom Feuer und gebe die Créme fraîche mit dem Ei hinzu und die zerdrückten Pelardons, dann salze und pfeffere ich nach Geschmack (Achtung, der Ziegenkäse ist bereits gesalzen!). Die Courgettehälften lege ich auf eine geölte feuerfeste Form, fülle sie mit der Masse und gebe sie bei max. 200° in den Backofen, wo sie 15–20 Minuten backen, bis die Oberfläche goldbraun ist.

Dazu trinken wir im Sommer einen Gris de Gris, im Winter einen kräftigen St. Chinian.

Eine liebe Freundin

Und tatsächlich, wie bereits im letzten Jahr vorausgesehen, hatte ich wieder Tag für Tag Philipp vor dem Wohnzimmerfenster, wo er in gebückter Haltung die Triebe der Reben zurückschnitt. Der Wein war noch blattlos, die Erde goldgelb, besät mit Steinen in Gelb und Grau, darüber der blaue Himmel, die Sonne. Es war Winter, es war nachts und morgens kalt, doch wenn ich an den Nachmittagen nach St. Jean d'Hortus kam, saßen die Menschen tagsüber auf der Terrasse des Cafés in der Sonne. Das war für mich der Süden.

Wir hatten unsere Ziegen, unsere Reben, und der Wein reifte in Tanks und Fässern dem Genuß entgegen – das winterliche Landleben war ein breiter, ruhiger Strom. Gerhard, Guy und ich arbeiteten an unserer *ferme-auberge*, das war so eine Art Familienrestaurant auf dem Bauernhof, wo Guy und ich Gäste mit der «Garrigue-Küche» verwöhnen wollten. Im Februar feierten wir Einweihung mit unseren Nachbarn, den De La Villes, mit dem Bürgermeister und einigen Freunden von Guy, und dann sprach es sich schnell herum, und wir hatten jeden Tag viele Gäste.

Erst blühte der Ginster, danach die Pfirsiche und Aprikosen und dann die blauroten Blütendolden der Valériane und die Mohnblumen, die hier den schönen Namen *coquelicot* haben. Manche Felder, die Wiesen waren leuchtend hellrot im saftigen Grün, wie frisch angestrichen, das war im März, und später fing die Valériane an zu blühen und tauchte Weg- und Feldränder in leuchtendes Blaurot.

Auch in diesem Jahr war Karin unser erster Sommergast,

sie kam bereits im April. Am Morgen trat ich aus der Tür, und die Mauersegler waren zurückgekommen, damit war der Winter für dieses Jahr eindeutig beendet. Dieses Mal holten Philipp und ich Karin gemeinsam vom Flughafen ab, und wir fielen uns vor Freude in die Arme.

«Ach, ist es herrlich hier», rief sie entzückt aus und zeigte auf das blaue Meer, den blauen Himmel, den weiten Horizont.

Gerhard hatte versprochen, sich um Philipps Ziegen zu kümmern. Er hatte es bereits einmal probiert, und es hatte hervorragend geklappt, die Ziegen liebten ihn. Vom Flughafen kommend, machten wir mit Karin einen Umweg und fuhren an den großen Haffseen vorbei, vom Mittelmeer nur durch einen schmalen Sandstreifen getrennt. Scharen von hellrosa Flamingos standen auf einem Bein im seichten Wasser und suchten kopfüber nach Fischen und kleinen Krebstieren, Möwen und Enten schwammen auf graubraunen Fluten. Und dann flog ein Schwarm Flamingos über uns hinweg, die langen, dünnen Hälse gestreckt, mit majestätischem Flügelschlag, die Sonne zauberte Farbspiele auf ihr Gefieder. Wir hielten an, und durch das offene Fenster hörten wir das Rauschen und Zischen des Vogelflugs.

«Ich glaube, ich könnte auch hier leben!»

Ja, dachte ich, das denken viele, und das dachten wir auch, als wir hier nur Urlaub machten. Man kann sich dann nicht vorstellen, daß das Leben auch hier Härten haben kann, daß man darunter leiden kann, die Sprache nicht richtig zu sprechen, und daß es Momente gibt, in denen mir klar war, daß alle Menschen um mich herum in all den Jahren zuvor andere Bücher gelesen hatten, andere Filme gesehen, über andere Witze gelacht und andere Lieder gehört hatten. Ich dachte, ich würde nie zurechtkommen, niemals, niemals ... Und dabei hatte ich ja Philipp – und die anderen auch. Doch alles das sagte ich Karin nicht. Sie war hier, um ihren Jahresurlaub zu verbringen, da hatte man ein Recht auf eine eigene Sicht der Dinge.

Nein, Karin und ich stritten auch in diesem Jahr nicht. Das Streiten war eine Spezialität unseres gemeinsamen Buchladens in Hamburg, hier waren wir jedes Jahr wieder die guten Freundinnen, die sich schon ein halbes Leben lang kannten und sich gut verstanden.

Wir aßen in Palavas-les-Flots zu Mittag, jenem kleinen Familienbadeort vor den Toren von Montpellier, dem Hausstrand. Wir saßen auf der verglasten Veranda eines Restaurants, die Sonne schien gleißend, der Himmel war blau, und uns war warm und wohl. Vor uns hatten wir den Kanal mit seinen Fischerbooten und dahinter das Meer, und wir ließen uns gemütlich nieder, um miteinander zu plaudern, zu faulenzen. Es gab so viel zu erzählen, ihr letzter Besuch war ein Jahr her, und wir hatten keinerlei schriftlichen Kontakt, hatten nicht einmal miteinander telefoniert. Es fiel uns in diesem Moment auf, daß wir alle beide einfach keine Zeit dazu hatten. Das Leben nahm uns voll in Beschlag, es fraß uns fast auf. Im Gegensatz zu der armen Karin, die jedoch mit ihrem Los gar nicht unzufrieden schien, war ich jeden Tag zu Hause, war mehrere Male am Tag mit meinem geliebten Philipp zusammen und tat Dinge, die ich mir ausgesucht hatte. Ja, endlich war ich so weit, mir das auch tatsächlich einzugestehen. Es war eine Veränderung meines Bewußtseins in mir vorgegangen, die mir bis zu diesem Moment noch gar nicht aufgefallen war.

Wir nahmen uns einfach die Zeit, eine riesengroße Platte mit Meerestieren zu essen. Danach aßen wir ganz in Ruhe jeder noch einen wundervollen Seewolf. Und wir tranken dazu eine Flasche herrlich vollmundigen Weißwein vom Westrand des Etang de Thau, einen Picpoul de Pinet aus Pomerol. So zu essen war frivol, mitten in der Woche, und es war eine Portion, die eigentlich viel zu groß war für ein Mittagessen, doch wir hatten das Bedürfnis, uns mit Mittelmeer und Sonne und Salz und Jod aufzutanken. Für uns war es so eine Art kulinarischer Strandurlaubstag.

«Ach, es ist herrlich bei euch», sagte Karin und ließ sich seufzend in ihrem Stuhl gegen die Lehne fallen. «Ich bin ja so froh, daß ihr umgezogen seid, und ich bin wirklich noch einmal so froh, daß ich euch kenne und die Möglichkeit habe, bei euch meinen Urlaub zu verbringen. Vielen, vielen Dank.»

Wir versuchten ihr zu sagen, daß der Dank eigentlich von uns kommen müßte, denn sie brachte uns nicht nur Nachrichten aus der Heimat, sie war ein Stück Heimat, das uns regelmäßig besuchen kam, und das tat uns gut. Wir liebten den Midi sehr, und wir waren wirklich froh, hierhergekommen zu sein, und doch blieben wir deutsch. Unsere kulturellen Wurzeln waren in Deutschland, und daran war nicht zu rütteln. Wenn ich allein an die Situation denke, wie ich Marie versuchte zu erklären, wer Heinz Rühmann war und wer Heinz Erhardt ... Selbst wenn wir anfangs dachten, wir würden Deutschland vielleicht für immer den Rücken kehren, so waren wir jetzt doch froh, weiter Verbindungen dorthin zu haben.

Auf dem Weg nach St. Martin wurde es dunkel. Von Osten

nahte rasch die Nacht, während uns im Westen ein Sonnenuntergang in Gold und Rosa die Augen verwöhnte.

«Kommst du jetzt jedes Jahr?» fragte Anna statt einer Begrüßung. «Und bringst du jedesmal diese Schokolade mit?»

«Wieso, magst du sie nicht?»

Karin, die keine Kinder hatte, war leicht zu verunsichern.

«Doch. Ich mag sie eigentlich am liebsten von allen Schokoladen, aber ich wollte wissen, ob ich mich schon auf das nächste Jahr freuen darf?»

«Du darfst, Anna, du darfst dich gern schon auf die Schokolade vom nächsten Jahr freuen. Ganz bestimmt ...»

«Oh, ich freu mich schon.»

Damit war für Anna die Begrüßung beendet. Sie drehte sich um und ging einfach fort, mit Philipp im Dunkeln noch einmal hinüber zu den Ziegen, die gemolken werden sollten. Philipp hatte jetzt 35 Ziegen, und die machten viel Arbeit. Seit dem Tod von Claudes Ziegen half Gerhard ihm zwar häufig, doch es blieb einfach viel zu tun.

Karin hatte Fotos mitgebracht. Da war ihr Lesebistro neben dem Buchladen, und wir sahen die Bilder von St. Martin an der Wand, und dazu unseren Wein im Regal. Es berührte mich tief, denn unser aller Schicksal war am Anfang, als wir nicht wußten, ob wir wegen der unerwarteten Schwierigkeiten im Midi vielleicht doch aufgeben sollten, in Karins Hand. Ihr selbstloses Eingreifen, ihre Hilfe haben uns damals auf den richtigen Weg gebracht. Ich werde ihr ewig dankbar sein.

«Die Werbung für St. Martin läuft in diesem Jahr auf vollen Touren. Ich weiß nicht, ob ihr euch erinnern könnt, daß sich ein Studentenpärchen bei euch angemeldet hat, das Regine und Thorben heißt. Die Anmeldung kam von mir, denn der

Aufenthalt in St. Martin war Teil ihrer Entlohnung für die Urlaubsvertretung, die sie in diesem Moment gerade in meinem Bistro machen. Sie freuen sich so sehr auf den Aufenthalt hier im Süden, daß sie ganz sicher die ganze Zeit wie die Wilden Werbung für euch machen.»

Karin berührte damit einen Punkt, der eine gute und eine schlechte Seite hatte. Wir waren fast für die ganze lange Saison ausgebucht, bis zum November. Immer wieder erreichten uns Anfragen, doch wir mußten leider absagen. Menschen zu enttäuschen, die einfach nur in schöner Umgebung Urlaub machen wollten, das tat ich gar nicht gern. Manche klangen am Telefon so traurig, daß ich aufpassen mußte, sie nicht in mein Wohnzimmer einzuladen. Karin machte von Anfang an so viel Werbung für uns, sie konnte gar nicht mehr aufhören. Philipp und ich hatten zwar zeitweilig überlegt, ob wir noch den Biohof ausbauen sollten, den wir zusammen mit den Weinfeldern im letzten Jahr übernommen hatten, doch wenn wir es genau betrachteten, waren wir während der Hochsaison bereits an der Grenze unserer Leistungsfähigkeit angekommen. Mehr ging wirklich nicht. Wir wollten doch keine Urlaubsfabrik werden, dafür kamen die Menschen schließlich ja auch nicht hierher.

«Charlotte, es kommen mittlerweile so viele Anmeldungen von Familien mit Kindern, daß wir dringend etwas unternehmen müssen.»

Was meinte Philipp?

«Willst du dich auf kinderlose Urlauber beschränken?»

Er lachte.

«Nein, ganz im Gegenteil. Ich werde morgen nach Montpellier fahren, um Spielgeräte zu kaufen. Eine Schaukel, eine

Wippe, Tischtennisplatten, eine Sandkiste – das ist das Mindeste, meinst du nicht auch?»

Er hatte recht.

«Und auch für Anna ist das bestimmt eine Bereicherung.»

Wir bekamen einen Spielplatz. Wir hatten Tiere, es war Platz zum Spielen, hier gab es keine Durchgangsstraße, alles war ruhig und ungefährlich. Ich muß sagen, hier hätte ich als Kind auch gern Urlaub gemacht, und später mit Martin allemal.

Und schon am nächsten Tag entluden Gerhard und Philipp unseren vollbepackten Pick-up. Eine große Schaukel für drei Kinder gleichzeitig, eine Wippe, ein Kriechtunnel, eine Spiralwippe, eine große Sandkiste, ich fand, wir waren nicht schlecht ausgerüstet. Da wurden plötzlich Löcher gegraben, Fundamente gegossen, Stangen in unförmigen Betonklumpen verankert.

«Für Anna und unsere kleinen Besucher», sagte Philipp stolz.

«Bei euch hätte ich auch Kind sein mögen», staunte Karin, als sie von einer Fahrt in die Camargue zurückkam.

Nach dem ersten Ausschlafen machte sie ausgedehnte Ausflüge in die nähere und weitere Umgebung.

«Hier ist ja alles beieinander, und hinter jedem Hügel sieht es anders aus, das ist wirklich unglaublich.»

«Ach, ist das so?» fragte Philipp versonnen. «Ich habe es schon vergessen ...»

Philipp und ich hatten nicht mehr viel Zeit, lange Ausflüge zu machen, und wenn wir uns einmal ein Wochenende in Montpellier oder zwei Tage am Meer herausnahmen, dann geschah das, weil wir müde und abgearbeitet waren und dringend ausschlafen und abschalten mußten. Unsere Arbeit war beglückend, wir waren hier zufriedene Menschen geworden, und wir hatten im ersten Jahr noch gemerkt, wie trotz aller Widrigkeiten die Großstadthektik langsam von uns abfiel. Die Landwirtschaft, die *ferme-auberge*, die mittlerweile ja fast so etwas wie ein Restaurant war, das alles war einfach nur sehr viel Arbeit, und die machte manchmal eben auch glücklichen Menschen zu schaffen.

«Philipp!» mußte ich ihn dann ermahnen. «Andere Menschen müssen auch arbeiten, und gar nicht wenig, das kann ich dir versichern. Wir haben es doch gut hier ...»

«Ja, zugegeben, aber ...»

Er mußte immer erst einmal angestoßen werden, bevor er sich über unsere privilegierte Situation klar wurde. Mal mußte ich ihn, mal er mich zur Ordnung rufen.

«Also, wißt ihr eigentlich noch, wie euer Leben in Hamburg war?» sagte Karin beschwichtigend. «Ich kann mich noch allzugut erinnern, wie Charlotte mir immer vorjammerte, sie hätte niemals Zeit für irgend etwas, weder ein Essen zu kochen noch ein Bild zu malen, und hier seid ihr jeden Tag zusammen. Ihr seht euch tagsüber, ihr nehmt alle Mahlzeiten gemeinsam ein, und der Himmel ist blau, die Sonne scheint, es ist warm ...»

Sie hatte ganz recht, es war wunderschön, im Midi zu leben, es war ein Privileg. Wir hatten unseren Traum wahrgemacht. Unser Leben war lebenswert, wir brauchten nur immer jemanden, der es uns sagte.

«Weißt du was, Karin, morgen werde ich mir einen Tag freinehmen, und dann machen wir beide einen Ausflug in den Frühling. Wir fahren einfach in die Cevennen, ja?»

Karin strahlte, und ich freute mich auf einen Tag, an dem mir eine liebe Besucherin wieder einmal die Augen öffnen würde für all das Schöne, das hier zum Greifen nah war, das man nur allzu leicht vergaß.

Und als wir am nächsten Abend im Dunkeln zurückfuhren, neben uns der rauschende Fluß Hérault mit seinen Wasserfällen, links und rechts die Berge, da hatten wir einen langen Tag voller Entdeckungen hinter uns, und wir hatten geredet, geredet, geredet …

«Du müßtest das eigentlich alles aufschreiben, Charlotte. Du hast in dieser kurzen Zeit so viel erlebt, soviel mitgemacht, soviel Schönes ist dir widerfahren, das sollte man eigentlich mal lesen können. Ich glaube, das könnte viele Menschen interessieren …»

Sie sagte es so nebenbei, und dabei schaute sie gedankenverloren hinaus in die schwarze Finsternis. Ich weiß bis heute nicht, ob ihr in dem Moment klar war, welchen Bazillus sie mir einpflanzte. Das Aufschreiben ging mir von diesem Moment an nicht mehr aus dem Kopf.

PAPRIKATERRINE MIT ZIEGENKAESE UND ZITRONENMELISSE

• 1 kg Ziegenquark (auch: ca. 600 g Quark 20 %, 400 g Ziegenkäse demi-sec) • je 1 Paprika, rot, gelb, grün • 100 g schwarze Oliven, entsteint und grob gehackt, gemischt mit • 30 g Pinienkerne • 7 Blätter Gelatine, in Wasser geweicht, in • 50 g flüssiger Sahne gelöst • 6 Zucchini • 25 cl Olivenöl • 2 Knoblauchzehen, gehackt • 1 Topf Zitronenmelisse, gezupft • 1 TL Kümmel • Salz und Pfeffer • Zitronensaft

Die Paprika lege ich unter den Grill, bis die Haut schwarz ist, dann lasse ich sie in einer fest verschlossenen Plastiktüte abkühlen und ziehe anschließend die Haut unter fließendem Wasser ab. Ich schneide sie in schmale Streifen. Ich erwärme 2 EL Olivenöl in einer kleinen Kasserole, gebe den Knoblauch und die Paprika hinzu und würze mit einer Prise Kümmel, Salz und Pfeffer und einer Prise Zitronenmelisse. Auf mildem Feuer lasse ich alles ca. 15 Min. einkochen. Nach dem Abkühlen bewahre ich die Paprika kühl auf.

Die Zucchini schneide ich in Langlamellen, blanchiere sie 5 Min., benetze sie mit Olivenöl, würze mit Kümmel, Salz und Pfeffer. Ich bewahre sie in einer Küchenfolie auf.

In einer Schüssel mische ich den Ziegenquark, die gehackten Oliven und die Pinienkerne, dann füge ich die Sahnegelatine hinzu, salze vorsichtig, pfeffere und stelle die Mischung kühl.

Den Boden und den Rand einer geölten Terrinenform lege ich mit Zucchinilamellen aus, dann gebe ich abwechselnd eine Lage Käsemasse, eine Lage Paprika nur einer Farbe hinein, obenauf Käsemasse, die ich mit Zucchinilamellen abdecke.

Die Terrinenform bedecke ich mit Folie, beschwere sie mit einem Gewicht von mind. 1 kg.

Auf jeden Teller lege ich eine Scheibe der Terrine, dazu einige Streifen Paprika verschiedener Farben, die ich mit

etwas Zitronensaft begieße und mit Zitronenmelisse dekoriere.
Die Zitronenmelisse im Rezept kann durch Minze ersetzt werden.
Dazu trinken wir einen Rosé vom Pic Saint Loup.

Gerhards Verwirrung

Meine Freundin Karin war abgereist, sie tröstete mich mit dem Versprechen, nächstes Jahr bestimmt wiederzukommen. Und ich hatte Pläne! Bevor es in St. Martin heiß und hektisch wurde, wollte ich unbedingt noch ein Bild malen. Ich hatte einige Ideen, Sabine hatte das Material, und ich wollte mir von Zeit zu Zeit einen halben Tag für die künstlerische Betätigung freinehmen. Oder gar einen ganzen, um mich so richtig in die fruchtbare Muße hineinfallen zu lassen. Es war nicht meine Schuld, daß daraus nichts wurde.

«Charlotte! Charlotte?»

Es war Gerhard, der mitten in der Nacht an unsere Tür klopfte. Ich hatte bereits geschlafen, entsprechend große Mühe machte es mir, in die Wirklichkeit zurückzufinden.

«Charlotte, Sabine hat Probleme. Das Baby!» rief er vor unserer Haustür.

Ich war sofort hellwach, zog mir schnell etwas an und lief im Dunkeln hinüber. Sabine saß auf einem Stuhl und hielt sich den Bauch mit beiden Armen.

«Ich habe Kontraktionen», sagte sie und bemühte sich, zu lächeln, als wäre es alles gar nicht so dramatisch.

«Wir müssen einen Arzt rufen.»

Es dauerte eine Weile, bis er sich zu uns durchgeschlagen hatte. Inzwischen hatte ich Sabine einen beruhigenden Kräutertee gemacht, hatte ganz sanft mit ihr gesprochen, und auch Gerhards Nervosität besänftigt.

«Sie hat vorzeitige Wehen, sie muß ganz ruhig liegen», sagte der Arzt. «Wenn sie sich nicht ruhig verhält, kann das Kind bereits jetzt kommen, aber es ist noch nicht vorbereitet, wie Sie sich wohl vorstellen können. Im sechsten Monat ...»

«Was heißt das, ruhig liegen?»

«Sie sollte sich möglichst gar nicht bewegen. Jede Bewegung kann neue Wehen auslösen.»

«Aber niemand kann sich gar nicht bewegen.»

«Natürlich nicht, und doch ist das der Idealzustand, an den wir uns zu halten haben. Ich werde ihr etwas Pflanzliches zur Beruhigung geben, doch das wird nicht ausreichen, wenn sie nicht liegenbleibt.»

Sabine hatte gut zugehört.

«Und wie mache ich meine Kurse?» fragte sie leise. «Etwa vom Bett aus?»

«Darüber sprechen wir morgen. Nun müssen wir erst einmal alle schlafen, und dein Kind doch auch, oder?»

«Du hast recht», murmelte sie, und ich sah, wie sie versuchte, sich zu entspannen, indem sie ihre Beine lang ausstreckte.

Ich deckte sie noch einmal gut zu, und dann sagte ich ihr gute Nacht.

«Ich denke, ich könnte ihre Kurse übernehmen», sagte Gerhard nachdenklich, als er mich zu meiner Haustür zurückbrachte. Es war nicht gefährlich in St. Martin, es war lediglich ein Akt der Höflichkeit.

«Du?»

«Ja, ich habe viel mit ihr zusammen gemacht. Und immer wenn ich nichts zu tun hatte, habe ich mich dazugesetzt, und ich habe genau aufgepaßt, was sie macht.»

«Ach, ich weiß nicht ...»

«Du solltest nicht vergessen, daß ich ebenfalls ein Künstler bin, Charlotte.»

Das hatte ich tatsächlich, er hatte ganz recht, und ich schämte mich dafür. Das war der Grund, daß ich klein beigab:

«Gut, also dann zeig mal morgen, was du kannst, ja?»

Er reichte mir die Hand, und ich hatte den Eindruck, daß er dankbar für mein Einlenken war.

«Du wirst sehen», sagte er, «ich werde dich nicht enttäuschen.»

Wieder im Bett, konnte ich erst nicht einschlafen. Die kreativen Kurse waren derart gefragt, sie waren eine Besonderheit von St. Martin geworden. Ich muß gestehen, ich hatte niemals damit gerechnet, daß Sabine ausfallen würde – außer später im August, wenn ihr Kind auf die Welt kommen sollte. Doch diesen Gedanken hatte ich erst einmal weit von mir geschoben. Es war ja noch so lange hin bis zum August.

Doch Gerhard war gut vorbereitet, wie sich am nächsten Tag herausstellte, ich hatte gar nicht damit gerechnet.

Zuerst ging er theoretisch an die Aufgabe heran:

«Ich weiß doch jetzt, wie Papier gemacht wird und wie die Aufgaben bei den Malmotiven gestellt werden müssen, das habe ich auch begriffen. Wir lesen einen bildhaften Text, der Assoziationen auslösen soll, und schon setzen wir uns gemeinsam hin und malen drauflos. Ich lenke ein wenig beim Material, welche Farben, welche Pinsel, vielleicht gar eine Collage.»

«Und die Objekte?»

«Ach, da sehe ich gar kein Problem. Wir machen unseren Ausflug an den Strand, mit Picknick und allem, und was wir dort sammeln, das wird dann im Atelier verarbeitet. Ich habe mir überlegt, daß ich den Schwerpunkt mehr auf Lebewesen und Schmuck legen will, um das Thema ein wenig einzuengen. Ich fand das schon immer ein wenig zu groß. Allzu viele Freiheiten verwirren doch nur, da weiß man ja gar nicht mehr, wofür man sich entscheiden soll.»

Und die Kinderkurse? Sie waren ja mittlerweile ein ganz wichtiger Bestandteil unseres Urlaubsangebots geworden.

«Da muß ich mich anfangs ein wenig auf Anna verlassen», sagte er. «Ich denke, von ihr kann ich eine Menge lernen. Sie hat im letzten Sommer so viele Kurse mitgemacht, daß sie in der Praxis mehr von diesem Thema beherrscht als so manches Anleitungsbuch. Die ersten beiden Kinderkurse werde ich also auf ein Wochenende legen, damit sie auch die Zeit hat.»

Es klang alles recht vernünftig, meine Bedenken lösten sich schnell in Luft auf.

«Wir müssen nur einen neuen Plan aufstellen, dann wird es schon gehen. Vormittags Malkurs, nachmittags Pantomime, irgendwie so. Oder zwei Stunden Malen, zwei Stunden Pantomime. Danach ein Kinderkurs und noch einer für Erwachsene. Ich denke, es ist machbar, und vor der Arbeit habe ich keine Angst. Ich bin doch froh, wenn ich mal so richtig was um die Ohren habe.»

Ich schlief nicht einmal schlecht, bevor sein erster Kurs begann. Ich war ganz sicher, daß alles gutgehen würde.

Sabine lag in ihrem Bett und sah klein und zaghaft und ängstlich aus.

«Ob ich nicht doch vielleicht nur zu den Kursen aufstehen könnte? Was meinst du, Charlotte?»

«Das kommt nicht in Frage, Sabine, der Arzt hat das ausdrücklich verboten. Wenn irgend etwas mit dem Kind ist, würden wir uns alle große Vorwürfe machen.»

«Sabine, du mußt jetzt wirklich vernünftig sein», sagte Gerhard, «es geht nicht nur um dich, wie du weißt.»

«Ihr habt ganz recht», gab sie nach und ließ ihren Kopf wieder auf das Kissen sinken, «ich hätte es beinahe vergessen.»

«Gerhard wird alles machen, was nötig ist, mach dir nur keine Sorgen.»

Wäre ich bloß nicht so sicher gewesen – aber ich wollte ja unbedingt an die Ersetzbarkeit von Sabine glauben, und was hätte ich auch sonst machen sollen?

Er fing mit den Kindern an, und alles lief gut. Unsere Gäste waren guter Stimmung. Ihnen schien es wie uns zu gehen – der Süden brachte sie in Hochform. Sie waren tatendurstig, manchmal hatte ich den Eindruck, daß sie vor Energie strotzten. Die Natur erschien mir ebenso, der Mai ist im Midi kein Frühlingsmonat mehr. Das Grün war saftig und intensiv, alle Blumen blühten, der Mohn stand in voller Pracht und leuchtete hellrot im Sonnenschein, Wegränder waren mit Blüten besät wie andernorts die Gärten. Dazu summten Insekten, ein Kuckuck rief, und der Specht hämmerte in der Garrigue, die Mauersegler schrien nach Fliegen und Mücken. Der Rosmarin hatte nur noch vereinzelte blaue Blüten, dafür blühte der Thymian und ließ seinen Duft vom Wind davontragen.

Gerhard hatte sich als Pantomime verkleidet und geschminkt, und als die Kinder ihn sahen, dachten sie, es wäre Zirkus, und sie kreischten bereits bei seinem Anblick vor Vergnügen. Kinder mochten ihn schon immer, zum Glück. Er hatte die Kleinen unter den Pinien versammelt und führte ihnen erst einmal eine kleine Szene vor, in der er als Pantomime eine Blume malte, die er so schön fand, daß er sie aus dem Rahmen pflückte. Als sie verwelkte, vergoß er bittere Tränen. Dann schenkte ihm der Himmel eine Blume, die nie verwelkte, und er war glücklich. Er machte die Sache wirklich gut, die Kinder waren glücklich, selbst Anna.

Dann las er vor, zeigte den Kindern Bilder und brachte sie dazu, die Bilder zu malen, von denen er erzählt hatte oder die er ihnen in dem Bilderbuch gezeigt hatte. Alle gingen mit Eifer ans Werk, die Ergebnisse waren beachtlich, und ich atmete auf. Zum Schluß wurden die Bilder im Eßzimmer für den Tag ausgestellt.

Nach der langen Mittagspause ging es weiter, jetzt waren die Erwachsenen dran. Ich wollte den Kurs schon absagen, doch Gerhard beruhigte mich:

«Ich bin gut vorbereitet, Charlotte, es kann gar nichts schiefgehen. Mach dir keine Sorgen.»

Er ging mit ihnen ins Atelier, ich ging zu Guy in die Küche.

«Bist du nicht ganz bei der Sache?» fragte Guy nach einer Weile.

So konnnte man es auch nennen, wenn man zwei wichtige Dinge gleichzeitig macht. Doch ich hörte nichts, keinen Aufschrei, kein lautes Wort, und so wandte ich mich mehr und mehr der Küchenarbeit zu.

«Charlotte, kann ich mal eben mit dir sprechen?» fragte Gerhard, der Kurs war gerade vorbei.

Wir hatten zwei alleinreisende Frauen in St. Martin, Andrea aus München und Nadia aus Hamburg. Sie waren nett und hatten sich gleich an den ersten Tagen ihres Aufenthalts angefreundet. Sie machten nicht viele Ausflüge, fuhren höchstens manchmal für einen halben Tag zum Baden, sonst sah man sie bei den Ziegen, sie wanderten mit Begeisterung in der Garrigue herum, genossen die gute Küche, ich fand, sie waren friedlich und harmlos.

«Harmlos?»

Gerhard schaute mich entsetzt an. «Sie haben mir heute das Leben schwergemacht.»

«Mögen sie dich nicht?»

«Ich glaube, so kann man es nicht nennen.» Er zögerte, dachte nach, suchte nach der passenden Formulierung. «Sie mögen mich zu sehr, glaube ich, und damit schaffen sie im Kurs eine Atmosphäre, die ich gar nicht gut finde.»

«Übertreibst du nicht vielleicht ein wenig?»

«Übertreiben? Ich wünschte, es wäre so. Beide versuchen ständig, meine Aufmerksamkeit zu erringen», sagte er traurig. «Wenn ich mich setze, sitzen sie sofort neben mir, und wenn es nur einen Platz gibt, gibt es fast Streit. Und dabei verhalten sie sich so, als wären sie allein im Kurs, die anderen Leute sind schon ganz irritiert, und ich auch. Was mache ich denn bloß, Charlotte?»

«Ach, du bist es vielleicht nur nicht gewohnt, daß man sich um dich reißt, Gerhard.»

Damit versuchte ich, es auf eine witzige Schiene zu bringen. Ich gestehe, in dem Moment nahm ich das Problem nicht ernst. Doch leider spitzte es sich zu.

«Charlotte, diese beiden Frauen betragen sich wie Hennen auf dem Hühnerhof, wenn du bitte den Ausdruck entschuldigst. Warum können die mich nicht in Ruhe lassen? Ich will doch nichts von denen, das dürfte doch klar sein, oder?»

Es war am nächsten Tag, und er war jetzt wirklich böse. Endlich nahm ich ihn und sein Problem auch ernst. Als er mir die Situation noch einmal schilderte, gab ich ihm den Rat:

«Du mußt dich durchsetzen, Gerhard, irgendwie. Du mußt Autorität zeigen, damit klar ist, daß diese Dinge dort nichts zu suchen haben. Es geht um einen Kurs, nicht um einen Kontaktwettbewerb.»

Wie sollte ich in dem Moment wissen, daß ich ihm genau den falschen Rat gab? Es dauerte jedoch nicht lange, bis ich es erfuhr.

«Sie möchten sich vom Kurs abmelden?» fragte ich ein ruhiges, sehr sympathisches Lehrerehepaar aus Bielefeld.

«Ja, wir möchten gern noch ein wenig mehr vom Land sehen», sagten sie.

Das war verständlich, doch irgend etwas war in ihrem Ton, was mich aufhorchen ließ.

«Hat Ihnen der Kurs nicht gefallen?»

Warum sollte ich nicht direkt fragen?

«Doch, doch, es gibt hier nur so viel zu entdecken», sagte der Mann zögernd.

Seine Frau jedoch war ehrlicher:

«Ihr Gerhard hat so eine seltsame Art, diesen Kurs zu führen, so autoritär, wenn Sie verstehen, was ich meine. Er hat uns heute den ganzen Vormittag herumkommandiert. Also, ich weiß nicht, ich fand den Ton nicht so ganz passend für so einen Kurs. Wir sind doch alles erwachsene Menschen.»

Oh, Gerhard, dachte ich, und plötzlich fiel mir ein, daß ich ihm ja zu mehr Autorität geraten hatte. Ich hätte ihn gern sofort gesprochen, doch er war nicht beim Abendessen. Weil Sabine im Bett liegen mußte, aßen sie gemeinsam in ihrer Wohnung. Ich überlegte. Wenn ich später noch zu ihnen ging, würde Sabine alles mitbekommen, und das würde sie natürlich beunruhigen. In ihrem Zustand konnte sie alles gebrauchen, nur keine Unruhe. Also würde ich bis zum nächsten Morgen warten.

Gerhard kam noch vor Philipp zum Frühstück, zum Glück war noch niemand sonst auf.

«Es gab Klagen», sagte ich. «Die B.s möchten keine Pantomime mehr bei dir machen.»

«Haben sie sich abgemeldet?»

Ich nickte. «Sie haben gesagt, du würdest sie herumkommandieren.»

Er schaute mich irritiert an. «Ich habe mit diesen Menschen nichts gemacht.»

«Sie sagten, du wärest zu autoritär für so einen Kurs.»

Er brauchte nicht lange nachzudenken: «Ja, aber du weißt doch, was gestern dort los war, und dann hast du doch selbst gesagt, ich sollte etwas mehr Autorität zeigen. Das hast du doch gesagt, oder?»

Da saß ich nun in der Falle.

«Ja, aber du sollst die Leute doch nicht herumkommandieren, Gerhard. Das ist doch deren Jahresurlaub.»

«Also, ich weiß jetzt nicht genau, was du von mir willst. Ich kann es doch nicht jedem recht machen.»

«Kannst du nicht ein wenig direkter, meinetwegen auch autoritärer sein zu denen, die dich nerven? Und zu den anderen bist du freundlich und nett? Die betroffenen Damen müßten dann doch merken, daß sie etwas falsch gemacht haben, oder?»

«Also, weißt du, Charlotte, ich komme mir langsam vor, als müßte ich den Therapeuten für die Leute machen. Ich finde, das geht irgendwie zu weit.»

«Gerhard ...», versuchte ich ihm begütigend zuzureden, doch er war bereits aufgestanden.

«Ich will sehen, was ich machen kann, wirklich. Darüber muß ich aber erst einmal in Ruhe nachdenken.»

Sprach's und ging hinaus, stapfte mit festen, wütenden Schritten hinüber in die Garrigue. Ich schaute ihm nach, und plötzlich versuchte ich, ihn mit den Augen alleinreisender Frauen zu sehen. Er war groß und schlank, und er wirkte trotz seiner zarten Pantomimenstatur kräftig. Das kam von der Arbeit in St. Martin. Er war blond, mittlerweile im Winter wie im Sommer gebräunt, er hatte ein freies, offenes Gesicht – er sah gut aus, man könnte ihn mögen. Warum machten sich alleinreisende Frauen an Männer heran, nicht jedoch alleinreisende Männer ... Wir hatten keine einsamen Männer, das fiel mir erst an diesem Punkt auf. Alleinreisende männliche Wesen fuhren nicht in die Garrigue.

Und eine Abmeldung war ja keine Katastrophe, oder?

Am Abend begann sich das Problem zu lösen:

«Mir geht es jetzt wieder einigermaßen», sagte Sabine, «vielleicht habe ich mir vorher einfach zuviel zugemutet. Gerhard und ich, wir haben beschlossen, daß wir die Kurse erst einmal gemeinsam machen, jedenfalls den Teil, der hier im Atelier stattfindet. Ich setze mich einfach ruhig dazu und bewege mich sowenig wie möglich. Dann bin ich mit Gerhard zusammen und er mit mir, und allen wird es gutgehen.»

Ich fand das eine hervorragende Idee, bat sie jedoch inständig, wirklich auf sich aufzupassen und nichts zu riskieren.

«Du bist jetzt für einen weiteren Menschen mitverantwortlich, Sabine, und auch dessen Vater muß sich auf dich verlassen können.»

Gerhard und sie lächelten sich glücklich an, dann küßte er sie.

Was konnten wir weiter tun? Wegen des barschen Zwischenspiels von Gerhard hatten sich einige Gäste vom Pantomimenkurs abgemeldet, nicht jedoch Andrea und Nadia.

«Ich finde, er vergreift sich irgendwie im Ton, Ihr Gerhard.» Das sagte mir die sehr nette, sehr milde Ehefrau eines freundlichen Soziologieprofessors aus Hannover in den nächsten Tagen. «Er kommandiert seine Kursteilnehmer auf eine Weise herum …»

«Er hatte ein Problem, doch das ist gelöst, Sie werden sehen. Es hatte mit den Schwangerschaftsproblemen seiner Frau zu tun. Sie hatte vorzeitige Wehen …»

«Ach, das wußte ich nicht. Die Arme, der arme junge Mann.»

«Ja, junge Väter leiden so schrecklich, vor allem wenn es das Erste ist.»

«Das habe ich auch schon gehört. Der Ärmste.»

»Es ist aber nun alles wieder in Ordnung. Ich an Ihrer Stelle würde doch mitmachen.»

«Sie haben recht, man soll jungen Vätern eine Chance geben.»

«Seine Frau wird dabeisein, damit ihre Gegenwart ihn beruhigt.»

«Das ist gut zu wissen.»

Sie drückte mir dankbar die Hand.

Und Sabines Anwesenheit half tatsächlich. Innerhalb von zwei Wochen war Gerhard in der Lage, die Kurse souverän zu meistern. Zufrieden konnte Sabine sich anderen Aufgaben widmen – allerdings mit großer Vorsicht.

Wir waren uns alle einig, wir wollten alles tun, damit wir «unser» Kind heil und gesund in St. Martin empfangen konnten. Sabine mußte sich unbedingt schonen.

PLAETZCHEN AUS ROTEM REIS MIT ZIEGENKAESE

10 Stück

- 150 g Camarguereis • 1 Zwiebel, fein gehackt
- 1 l Bouillon • 2 EL Olivenöl • 5 Blätter Blätterteig
- 1 kleiner Ziegenkäse sec, gerieben • 2½ Ziegenkäse demi-sec • Salz und Pfeffer • Bohnenkraut
- 3 Ziegenkäse sec, geviertelt

In einer Kasserolle wird die Zwiebel in Olivenöl glasig gedünstet, in einer weiteren Kasserolle wird die Bouillon erhitzt. Den Reis in die Kasserolle geben, gut mit Zwiebel

und Öl mischen, nach und nach die kochende Bouillon zugeben, bis die Flüssigkeit komplett aufgenommen ist. Würzen, mit dem geriebenen Ziegenkäse bestreuen und auf die Seite stellen.
Den Blätterteig in Halbmonde schneiden, auf jeden 1 EL Reis ein Käseviertel, dann die beiden Spitzen aufeinanderlegen, schließen, Kanten gut andrücken und ölen. Im Ofen bei 180° garen, bis sie goldbraun sind.
Der Camarguereis kann auch durch Wildreis ersetzt werden.
Dazu trinken wir einen weißen Bellet aus Nizza.

Philipps Verfolgung

Hera und Alexander kamen bei Bilderbuchwetter an, sie waren selbst wie aus einem Katalog. Sie verkörperten für mich den erfolgreichen deutschen Menschen wie kaum jemand sonst. Als ihr Porsche zum Stehen kam und sich träge die gelbe Staubwolke des unbefestigten Weges nach St. Martin in die Lüfte hob, um sich über den Weinfeldern zu verflüchtigen, stiegen zwei große, schlanke Menschen aus und blickten zufrieden durch ihre Designer-Sonnenbrillen auf St. Martin. Das Bild, das sich ihnen bot, schien ihnen nicht nur zu gefallen, sondern sie vermittelten mir vom ersten Augenblick an den Eindruck, als würde es zu ihnen den passenden Rahmen bilden. Sie waren zufrieden.

«Herzlich willkommen in St. Martin.»

«Meine Güte, ist es schön bei Ihnen. Ich freue mich, daß wir St. Martin gebucht haben, wirklich.»

Gegen diese Aussage war nichts einzuwenden. Hera war sehr groß, sehr schlank, sehr gepflegt, ihre Haare waren lang, die kastanienroten Locken schimmerten im Sonnenlicht, sie hätte ein Model sein können. Alexander war ebenfalls schlank und groß, wenngleich er einige Zentimeter kleiner war als sie. Ich zeigte ihnen ihr Haus, wies ihnen einen Parkplatz zu.

«Und der Pool ist wo?»

Wir schauten uns an, die Blicke reichten von erwartungsvoll bis erschrocken. Niemand hatte bisher nach einem Pool gefragt. Wir hatten miteinander telefoniert, Faxe hin- und hergeschickt, von einem Pool war niemals die Rede gewesen.

«Einen Pool gibt es nicht.»

«Ach …»

Philipp und ich, wir hatten zwar bereits über die Möglichkeit gesprochen, für Erfrischung im heißen Sommer zu sorgen, doch wir hatten die Arbeiten in die nahe Zukunft verschoben.

«Das Meer ist nicht weit», sagte ich, «und wenn die großen Strände zu voll werden, das ist jedoch erst Ende Juli und im August, dann gibt es noch die einsameren Camarguestrände. Man muß ein wenig laufen, doch man ist fast so allein wie im Paradies.»

«Na ja …», rutschte es Hera heraus. Ihre Enttäuschung war greifbar.

«Zu dumm, daß wir nicht danach gefragt haben», sagte Alexander und fügte erklärend hinzu: «Ich habe leider ein wenig Arbeit mitbringen müssen, und da haben wir uns gedacht, Hera könnte …»

«Ach laß», unterbrach ihn Hera, «das ist doch nicht so wichtig.»

Und es klang wie: Kümmer dich nicht um mich, ich komme schon zurecht.

Alexander war eine große Nummer in der Werbung, und wenn man Heras Erzählungen glauben wollte, arbeitete er daheim in Frankfurt rund um die Uhr. Hera war ursprünglich auch in der Werbung, heute kümmerte sie sich nur noch um das große Haus im Taunus, den riesigen Garten, den Pool. Natürlich hatte sie auch Gäste empfangen, bedeutende Menschen aus der Wirtschaft, doch für das Kochen gab es zum Glück den Partyservice. Das mit dem Glück war ein Originalzitat von Hera.

«Ach, Sie haben sich Knall auf Fall entschlossen, in Hamburg alles hinzuwerfen, um spontan in den Süden umzuziehen? Alle Achtung!»

Philipp schenkte ihr reichlich Rotwein nach, denn ihr Glas war immer leer. Sie schaute von mir zu ihm, dann zu mir und wieder zu ihm, und in ihrem Blick lag grenzenlose Bewunderung. Fast hätte ich sie geteilt.

«Siehst du, Alex, manche Menschen haben eben noch Träume.»

Er sagte milde:

«Aber wir haben sie uns doch alle schon erfüllt, Heralein.»

«Ziegen?» sagte sie, «ich werd verrückt! Na, die muß ich mir morgen unbedingt mal genauer anschauen. Wenn man wegen Ziegen alles aufgibt, dann muß ja was daran sein, oder?»

Philipp murmelte etwas wie: «Ziegen sind wundervolle Tiere.»

Hera fügte hinzu: «Ich muß gestehen, ich habe vermutlich noch nie eine Ziege aus der Nähe gesehen. Und du, Alex?»

Doch Alexander sprach mit Gerhard und ließ sich die Pantomime in der Theorie erklären, und Gerhard erklärte ihm gerade, warum die Bratsche am besten dazu paßte. Er hörte sie nicht. Also wandte sich Hera wieder Philipp zu, neben dem sie saß.

«Riechen diese Tiere eigentlich wirklich so streng?»

«Überhaupt nicht», hörte ich Philipp mit beruhigender Ziegenhirtenstimme sagen. Oder sprach der Juraprofessor? «Kommen Sie halt morgen in den Stall, dann zeige ich Sie ihnen.»

Philipp zeigte gerne seine Ziegen, und deshalb dachte ich mir nichts dabei. Daß Hera auch gern zeigte, mußte ich am nächsten Morgen zur Kenntnis nehmen, als ich sie nackt auf einem Badelaken liegen sah. Ja, nackt. Auf einer grasbewachsenen Fläche in der Nähe des Ziegenstalles. Sie hatte allerdings ihre Sonnenbrille auf, und eine Flasche Sonnenlotion stand nicht weit entfernt. Ich fand ihr Verhalten irgendwie demonstrativ und eigentlich auch ein wenig unpassend. Sie hatte eine phantastische Figur, und das gab mir noch einen zusätzlichen Stich.

Alexander saß an einem kleinen Tisch neben ihrem Häuschen, hatte Arbeitsunterlagen um sich herum verteilt, daneben seinen Laptop und notierte, strich an, las und schrieb.

Ich sprach weder ihn an noch Hera auf ihrem Handtuch. Statt dessen sagte ich mir, jeder würde eben auf seine Weise Urlaub machen, und St. Martin wäre ja schließlich dafür da, daß man sich Wünsche erfüllen konnte. Ich stellte mir in dem Moment nicht die Frage, welche Wünsche Hera eigentlich hatte. Statt dessen ging ich in meine Wohnung und räumte auf.

Es gelang mir leider nicht, Heras Wünsche weiter zu ignorieren.

«Waren Sie immer schon körperlich so fit?» fragte sie Philipp beim Essen, und ich beschloß, sie in den nächsten Tagen an einen anderen Platz zu setzen.

Als er sie erstaunt und fragend anschaute, setzte sie hinzu:

«Sie wirken so muskulös, so gar nicht wie ein Juraprofessor.»

«Ich bin ja jetzt auch Winzer und Ziegenhirte, da ist das nicht weiter ungewöhnlich», brummte Philipp. Ihre Art zu fragen gefiel ihm offenbar nicht.

Alexander hatte sich vom Essen abgemeldet und wartete, das Handy griffbereit, auf den Anruf eines Kunden aus London. Er hatte sich eine Flasche Wasser, eine Flasche Wein und einen Teller Essen ins Haus mitgenommen.

«... daß Ihr Mann das einfach so gemacht hat», sagte Hera mit bewunderndem Unterton zu mir, und ich erwartete, daß ein Kommentar über Alexander folgen würde, der jedoch ausblieb. Erst einmal.

Als sie dann jedoch verkündete: «Ach, es ist wirklich schade, daß Sie keinen Pool haben. Wissen Sie was, ich gehe mich jetzt wenigstens ein wenig sonnen», war ich auf der Hut. Und das nicht, weil man sich im Midi mittags um halb zwei besser nicht sonnt, denn die Sonne brennt einfach zu stark auf eine blasse deutsche Epidermis.

Wir anderen blieben im Schatten sitzen und tranken ganz in Ruhe unseren Kaffee, während sich die Hitze wie eine Decke über das Land legte. Als Philipp schließlich aufstand und sagte: «So, ich gehe jetzt mit den Ziegen in die Garrigue. Bis später also», stand ich kurze Zeit danach ebenfalls auf, ging in Richtung Ziegenstall und sah, was los war. Hera lag dort, wo Philipp mit den Ziegen vorbeikommen würde. Natürlich war sie wieder nackt, und mir gefiel das alles gar nicht.

Zugegeben, Philipp war hier ein noch attraktiverer Mann geworden als früher, kräftig, ruhig, zufrieden, immer gebräunt – aber er war mein Mann. Und ich fand, das sollte er auch bleiben.

«Wollen Sie sich denn nicht mal ein wenig die Gegend anschauen?» fragte ich Alexander sehr direkt. «Ihre Frau scheint sich ein wenig zu langweilen.»

«Ach, Hera langweilt sich immer», sagte er und raschelte mit seinen Papieren. «Leider muß ich noch ein bißchen arbeiten, bevor ich mich ganz dem Urlaub zuwenden kann.»

«Können Sie das nicht besser mischen, Urlaub und Arbeit?» Fast hätte ich gesagt: Das ist doch kein Leben. Aber ich sagte es nicht.

«Leider nein. Kennen Sie die Werbung? Da muß man immer präsent sein, und wenn man tatsächlich mal Urlaub macht, dann muß man sich fast dafür entschuldigen.»

«Fahren Sie doch einfach mal zum Baden.»

«Ans Meer ...?»

Ich nickte.

«Dorthin, wo alle baden?»

Ich nickte nicht wieder, sondern sagte:

«Im Rücken haben wir die Cevennen, westlich das Aveyron, nördlich das Lozère. Im Süden sind die Pyrenäen, im Osten die Provence mit der Côte d'Azur, dazu die Städte Montpellier, Nîmes, Avignon, Béziers, Narbonne, Perpignan und vor der Nase die Autobahn ...»

«Danke, das reicht, wirklich.»

«Man kann hier viel unternehmen, man muß es nur tun. Wir packen Ihnen ein Picknick ein ...»

«Leider, leider habe ich noch diese ganze Arbeit hier. Aber hinterher ...»

Ich fragte mich, ob es bei dieser Art von Leben ein Hinterher überhaupt geben könnte, aber kaum hatte ich es gedacht, tat es mir auch schon leid. Wer war ich denn, andere Menschen zu beurteilen?

«Sonst kommen Sie doch einfach in die *ferme-auberge* und lassen sich verwöhnen. Oder ich gebe Ihnen unsere private Restaurantliste.»

Er lächelte mich dankbar und nicht unfreundlich an.

«Danke, wirklich», sagte er schlicht, «aber solange ich nicht aufgeräumt und alles weggearbeitet habe, könnte ich gar nicht daran denken, im Restaurant zu essen.»

Und ohne zu warten wandte er sich wieder seiner Arbeit zu. Ich konnte gehen. Ich vermutete, daß er zu Hera ähnlich war, wenn auch persönlicher.

Am Spätnachmittag bestätigten sich meine schlimmsten Befürchtungen:

Hera lag, immer noch oder schon wieder, dort, wo Philipp mit seinen Ziegen vorbeikommen würde. Ich stand an der Ecke eines Hauses, sie sahen mich gar nicht. Philipp übersah mich, Hera hatte ohnehin nur Augen für Philipp. Sie richtete sich auf und winkte ihm zu.

«Sie und die Ziegen, das hat so etwas ungeheuer Friedliches.»

Philipp antwortete nicht, zumal ihm ja auch keine Frage gestellt worden war. Er ignorierte sie einfach, und ich fand, das machte er richtig, und beim Abendessen setzte ich sie auf die andere Seite des Tisches, neben das nette Arztehepaar aus Lüneburg. Es nützte nichts, sie schaute nur zu Philipp und versuchte, mit ihm Kontakt aufzunehmen. Ich hatte eine Gänsehaut, und in der Nacht schlief ich nicht gut.

Am nächsten Tag war der Ablauf ganz genauso, und ich stellte fest, daß ich zu leiden begann. Ich wollte, daß Hera abreiste, und dieses Gefühl war mir fremd, ich hatte es das erste Mal in St. Martin. Abends vor dem Schlafengehen gab Philipp zwei Sätze von sich:

«Die ist nervig, diese Hera.»

Na, wenigstens das.

Und: «Ich muß noch mal in den Stall. Ich hatte heute den Eindruck, das Zicklein von Fraise könnte bald zur Welt kommen.»

Er ging im Dunkeln noch einmal hinüber, kam einige Minuten später zurück und sagte mit Hektik im Auge und in der Stimme:

«Ich glaube, es geht in dieser Nacht los, Charlotte. Ich werde vorsichtshalber im Stall schlafen.»

Wenn ich nicht den ganzen Tag Arbeit gehabt hätte, ich hätte ihm Gesellschaft geleistet, doch so, und dann hatte ich in der letzten Woche auch noch schlecht geschlafen, nein, ich brauchte meinen Schlaf. Ich ging allein ins Bett und schlief sofort ein.

Mitten in der Nacht wachte ich auf, weil Philipp nicht da war. Mir fiel erst nach kurzem Überlegen ein, daß er im Ziegenstall war. Sosehr ich mich auch bemühte, ich konnte nicht wieder einschlafen, ich vermißte ihn zu sehr. Ich fühlte mich einsam, mir wurde kalt, das Bett kam mir viel zu groß vor. Gegen drei Uhr dreißig, nachdem ich fünfmal auf die Uhr geschaut hatte, stand ich auf und ging hinüber zum Stall. Das Licht brannte, ich öffnete die Tür. Philipp kniete dort und rieb vorsichtig ein weißes Zicklein mit Stroh ab. Hera war neben ihm, ein Handtuch um die roten Haare geschlungen.

Vielleicht hätte ich beherzt eingreifen sollen, meine Stellung verteidigen, klarmachen, wessen Ehemann Philipp war. Statt dessen machte ich auf dem Absatz kehrt und schlich nach Hause zurück wie geprügelt. Ich legte mich ins Bett und weinte, weil ich nicht die Kraft hatte, groß und stark und selbstbewußt zu sein. Meine wehrlose Haltung war mir zutiefst zuwider, und doch konnte ich nicht anders. In dieser Nacht schlief ich nicht mehr.

«Das war eine anstrengende Nacht», sagte Philipp beim Frühstück und trank ungerührt seinen Kaffee, machte sich ein Brot.

Merkte er denn gar nicht, wie es mir ging?

«Wir müssen uns einen Namen für die Kleine ausdenken», sagte er, als er wieder zu den Ziegen zurückging. «Fraise ist ein bißchen wackelig, aber ihr geht es gut.»

Ich war auch «ein bißchen wackelig», aber er merkte es nicht. Waren ihm seine Ziegen mittlerweile wichtiger? Hatten wir jetzt eine von diesen routinierten Beziehungen, wo jeder sein Leben lebte?

Am Vormittag sagte Guy in der Küche zu mir:

«Na, was ist denn los, Charlotte? Hast du gar nicht geschlafen in dieser Nacht?»

Und da lehnte ich mich an ihn und weinte. Ich ließ es alles heraus, meine ganze Unsicherheit, meinen Kummer, meine

Verzweiflung, und sie wurden ein großer, nasser Fleck auf seiner weißen Kochjacke.

«Möchtest du mit mir reden?»

Ich schüttelte den Kopf. Nein, reden konnte ich in diesem Moment überhaupt nicht. Ich mußte erst einmal mit mir selbst fertig werden, dann würde mir auch etwas einfallen.

«Wird es gehen?»

Ich nickte und machte mich an die Arbeit. An diesem Tag arbeitete ich das erste Mal völlig ohne Gefühl in der Küche, wie ein Automat. Ich bemerkte, wie Guy mich immer wieder prüfend von der Seite anschaute, es hätte nur noch gefehlt, daß er den Kopf schüttelte. Ich war dankbar, daß er es nicht tat. Und dann, die letzten Gäste waren mit Essen versorgt, hatte ich die Idee.

«Kannst du heute nachmittag für mich übernehmen?» fragte ich Guy, und wie erwartet hatte er nichts dagegen. Es war schön, mit einem Freund zusammenzuarbeiten, der einem jederzeit wohlgesonnen war.

Ich ging hinüber zu dem großen Holztisch im Schatten der Maulbeerbäume, an dem die Familie mit den Gästen saß, und bat Philipp um einen Kaffee. Plötzlich wußte ich wieder, daß Martin mir fehlte. Er hatte aus Hamburg geschrieben:

«... es will und will nicht Frühling werden. Nach dem Kalender hätten die Bäume längst schon Blätter haben müssen, doch wir haben immer noch Nachtfrost, Morgennebel und kalte Nässe, und in der Natur tut sich nichts, wenn man von einigen Krokussen absieht. Du kannst dir gar nicht vorstellen, wie ich mich nach dem Süden sehne, nach der trockenen Hitze des Midi.»

Mit ihm hätte ich reden können, wenn er hiergewesen wäre, er hätte mich verstanden.

«Hast du dir einen Namen ausgedacht?»

«Quetsch», sagte ich schnell, denn ich hatte es vergessen.

Ich schaute mir Hera an. Sie sah aus wie das blühende Leben, sie war ausgeschlafen, hatte eine gesunde Bräune, und ihre roten Haare leuchteten.

«Ihr Mann arbeitet?» fragte ich, damit ganz langsam meinen Plan in die Tat umsetzend.

«Wie immer», sagte sie, und es klang desillusioniert.

«Kommen Sie mit, wir fahren heute nachmittag mal nach Montpellier, ja? Ich habe ein paar Dinge zu besorgen.»

Ihren verwirrten Seitenblick zu Philipp bemerkte ich wohl, er jedoch nicht, doch dann sagte sie zu. Ich wußte, sie wollte sich gerade wieder auf ihrer Decke in Positur legen.

«Ich gehe dann mit den Ziegen los», sagte Philipp. Er stand auf, gab mir einen Kuß auf die Wange und stiefelte davon. Er war müde nach dieser Nacht, das konnte ich allein an seinem Gang erkennen.

«Ja, warum eigentlich nicht?» sagte Hera.

«Wir könnten ja zusammen einen kleinen Einkaufsbummel machen, und dann muß ich noch in das Tourismusbüro.»

«Gern», sagte sie, und wir standen beide auf.

Ich muß gestehen, ich verbrachte wider Erwarten einen netten Nachmittag mit ihr. Sie schien froh zu sein, eine Frau zum Plaudern neben sich zu haben, und ich lernte sie plötzlich als einen warmherzigen, von innen heraus freundlichen Menschen kennen, der traurig war, immer alles allein machen zu müssen. Alexander hatte nie Zeit für sie, und wenn sie gemeinsam etwas unternahmen, waren es Streßtouren nach

Madrid, New York, London. Hera war plötzlich sehr normal und sehr verletzlich.

«Eigentlich wollte ich schon lange Kinder haben, aber Alex sagt immer, das hätte doch noch Zeit.»

Ich ertappte mich dabei, wie sie mir leid tat. Doch das ging zu weit, ich mußte mir mit Gewalt in Erinnerung rufen, daß sie versuchte, mir den Mann wegzunehmen. So einer Frau durfte man nicht trauen.

«Warum arbeiten Sie denn nicht einfach?»

«Das würde ich gern, doch Alex sagt, es wäre doch viel schöner, wenn ich ganz für uns dasein könnte.»

Ja, was manche Männer so sagten. Sie wollten ein ständig aufgehübschtes Wesen im stets aufgehübschten Haus haben, immer verfügbar, ja nicht zu selbständig, gern auch verführerisch, aber auf jeden Fall geduldig. Alles sprach dafür, daß Alex ebenfalls so einer war. Früher nannte man so was den goldenen Käfig. Arme Hera. Blieb Philipp …

«Ich schau mir mal eben an, was man hier in der Gegend alles unternehmen könnte», sagte Hera lustlos und stellte sich im Tourismusbüro an den Ständer mit den Broschüren.

Ich ging an den Schalter, stellte präzise Fragen und bekam eine Information nach der anderen, Notizen, Faltbroschüren, Heftchen. Alles war wichtig für meinen Plan, ich steckte es in meine vorsorglich mitgebrachte Mappe. Dann holte ich Hera von den Faltprospekten fort und ging mit ihr in ein Café, in dem es den wunderbarsten Kuchen des Midi gibt, dazu köstlichen Kaffee oder duftenden Tee und eine Atmosphäre gepflegt-moderner Großbürgerlichkeit. Ein Ort der Stille, der gedämpften Geräusche.

Der Inhaber, ein plüschäugiger, bärtiger Levantiner im

Maßanzug, ein Mann wie aus einem Katalog für Frauenträume, schaute Hera tief in die Augen und fragte, ob alles in Ordnung sei. Als ich sah, wie sie den Blick zurückgab, mit einer Mischung aus Wärme, weiblicher Hilflosigkeit und angebotener Unterordnung, wurde mir mit einem Mal klar, daß sie auch hier auf ihrem Handtuch liegen würde, wenn es nur ein wenig Gras neben dem Café gäbe.

Daß es gar nicht um Philipp ging, ließ mich erst einmal aufatmen.

Ich hatte einen freien Nachmittag und Abend, und ich genoß es. Ich nutzte Guy schamlos aus, und ich dachte mir gar nichts dabei, denn er arbeitete nicht nur gern in der Küche, sondern er lebte auch noch auf, je hektischer seine Kochkunst gefordert wurde.

Als wir zurückkehrten, stand die Sonne bereits tief. Das Licht war golden, die Schatten lang, und durch die offenen Wagenfenster fauchte laue Luft. Der Himmel war eine Mischung aus flüssigem Gold und strahlendem Blau, es war ein Abend, der das Herz berührte.

«Ach ja», seufzte Hera, «es ist wunderschön hier, ich wünschte, Alex könnte sich mal einen Tag freinehmen.»

Ja, das wünschte ich auch, denn ich sah seine Frau bereits wieder völlig nackt neben dem Weg in die Garrigue liegen, auf dem Philipp seine Ziegen zum naturnahen Mahl trieb. Und morgen würde es kein Entrinnen mehr geben, da mußte ich mich um die Küche der *ferme-auberge* kümmern statt um die verlockend-aufreizende Figur von Hera.

Alex saß mit den anderen Gästen an dem großen Holztisch unter den Maulbeerbäumen. Die Lampions glühten in allen Farben, die Dämmerung hatte sich bereits in die dunklen Ekken von St. Martin geschlichen, auf dem Tisch stand die Aperitif-Batterie.

«Ach, Heralein«, rief Alex, «da bist du ja endlich! Ich dachte schon, du würdest nie mehr kommen.»

Sie küßte ihn und lief dann zu ihrem Haus, um sich schnell frisch zu machen.

«Hatten Sie einen angenehmen Nachmittag mit meiner Frau?» fragte er mich.

Er sah so anders aus, ich wußte im ersten Moment gar nicht, warum.

«Ich habe Ihnen etwas mitgebracht.» Ich legte die Mappe auf den Tisch, holte die Prospekte und Notizen heraus.

«Es tut mir mittlerweile sogar selbst leid, daß wir keinen Pool haben. Also habe ich Ihnen eine ganze Menge Anregungen zusammengetragen, was man hier in der Gegend machen kann. Schauen Sie, im Süden ist Spanien, im Nordosten die Rhône, dahinter die Provence. Es gibt wunderbare Restaurants, in denen man sich von den besten Köchen der Welt verzaubern lassen kann, es gibt Weingüter zu besuchen, Schlösser, Klöster, Städte, alles, alles.»

«Danke, wirklich. Aber warum haben Sie das alles für uns gemacht?»

«Ihre Frau tut mir leid», log ich. «Sie weiß hier nicht viel mit sich anzufangen, und Sie nehmen sich keine Zeit für sie.»

Er lächelte mich an und sagte feierlich:

«Das, liebe Frau Hager, wird jetzt vorbei sein.»

«Was ist vorbei?» fragte Hera, die in diesem Moment an den Tisch trat.

«Daß ich keine Zeit für dich habe, Hera. Ich habe einen neuen Kunden an Land gezogen, einen großen Konzern mit seinem ganzen Werbeetat. Damit ist meine persönliche Zukunft auch gesichert.»

«Ich verstehe nicht.»

«In meinem Beruf sitzt man irgendwie immer auf einem Schleudersitz. Ich muß arbeiten wie ein Verrückter, sonst könnte vielleicht schon morgen Schluß sein.»

«Alex!» Hera legte ihm die Hand auf den Nacken und streichelte seinen Hals.

«Ja, genau so ist es», lachte er, und mit einem Mal wußte ich, warum er so anders aussah. Er war erleichtert, und man konnte es ihm ansehen. Er sah viel jünger aus, entspannter. «Ich mußte unbedingt noch schnell diesen Abschluß machen, damit sie merken, daß sie auf mich nicht verzichten können. Das war meine Arbeit, die ich mitgenommen hatte in den Urlaub.»

«Oje», entfuhr es mir. Hera schaute ihn mit großen Augen an.

»Leider geht es irgendwie immer um alles oder nichts.»

Und dann lachte er, und als er endlich wieder Luft bekam, sagte er:

«Jetzt beginnt unser Urlaub, Hera-Schatz, und wir werden alles machen, was zwei unbeschwerte Menschen machen können, um das Leben zu genießen. Mir scheint, der Platz, den wir ausgewählt haben, dürfte nahezu ideal sein dafür, denn hier gibt es sogar ein hervorragendes Restaurant.»

«Alex ...»

Er schloß sie in seine Arme, und ich ging in die Küche und kam mit einer Flasche Champagner zurück.

«Ich glaube, wir haben etwas zu feiern», sagte ich, als der Korken knallte.

In diesem Moment kam Philipp zum Essen, und ich stand auf, schloß ihn in meine Arme und küßte ihn. Er wußte gar nicht, wie ihm geschah.

«Philipp, trink ein Glas Champagner mit uns», lachte ich und nahm seine Hand.

Es war wie ein Wunder, Hera und Alex zuzuschauen, zu sehen, wie sehr sie plötzlich ihren unbeschwerten Urlaub und ihre Liebe genossen. Sie waren sehr angenehme, liebe Gäste, die für jede Aufmerksamkeit dankbar waren.

«Wirklich, vielen Dank für die vielen schönen Tips. Ich habe noch selten eine Gegend so gut kennengelernt», sagte Alex beim Abschied, nahm mich bei den Ellenbogen und küßte mich links, rechts, links und dann, ich glaube, vor lauter Glück und Dankbarkeit, noch einmal rechts und links.

Beinahe hätte ich geantwortet: «Das will ich gern glauben.» Ich konnte es mir in allerletzter Sekunde verkneifen.

«Nette Leute», sagte Philipp. Wir standen am Wegrand und hörten den Porschemotor noch eine Weile, sahen den goldgelben Staub aufsteigen.

Und das Zicklein hieß Quetsch.

Und nach einigen Wochen kam eine Postkarte von Hera: «... daß ich ein Baby erwarte. Wenn es ein Junge wird, werden wir es Martin nennen.»

In der Küche unserer *ferme-auberge* nahm Guy mich in den Arm und sagte:

«Na, dir geht es wieder besser, was?»

In diesem Moment stand Philipp in der Tür, starrte uns irritiert an und ging dann wieder, ohne ein Wort gesagt zu haben.

Mein Herz schlug plötzlich ganz hoch oben im Hals.

KALTE ZIEGENKAESETOEPFCHEN MIT GURKE

6 Personen

- 300 g Ziegenkäse frais-frais • 2 Gärtnergurken
- 1 Handvoll Korinthen • 1 EL gemahlener Kümmel
- ½ EL gemahlener Zimt • 1 Prise Curry, scharf
- Salz und Pfeffer • 1 Schalotte, sehr fein gehackt
- 1 EL Zitronensaft • frische Minze

Die Gurken schäle und reibe ich, dann mische ich sie mit dem Ziegenkäse. Ich gebe die Gewürze hinzu, die Korinthen, die Schalotte und den Zitronensaft. Ich fülle die Masse in kleine Schälchen, die ich 2 Std. kaltstelle. Zum Servieren dekoriere ich sie mit frischer Minze und reiche dazu selbstgebackenes, noch warmes Baguette.
Dazu trinken wir einen trockenen Weißen vom Pic Saint Loup.

Rückzug in die Einsamkeit?

Wir hatten auflandigen Wind aus dem Süden. Bei ihm stellte ich mir vor, wie er trocken und heiß aus der Wüste hinaus aufs Mittelmeer wehte, wo er versuchte, seine Hitze mit der Feuchtigkeit des Meeres zu kühlen. Wenn er dann bei uns wieder auf Land traf, hatte er sich mit klebriger Schwüle aufgeladen, die das Autofahren unangenehm machte und bei jeder Bewegung den Schweiß aus allen Poren trieb. Am nächsten Tag gab es dann bereits ein wenig warmen Regen, der später von einem trockenen Wind weggepustet wurde.

Inke kam pünktlich an.

«Oje», sagte sie, «ich dachte, es wäre nur im Zug so warm, aber draußen verschlägt's einem ja den Atem. Ist es hier immer so?»

«Nein, die Schwüle ist selten im Juli. Alle Menschen leiden bei solchem Wetter, seltsamerweise vor allem die Einheimischen.»

«Ach ja? Wir müssen es unterdrücken, weil wir uns immer sagen müssen, wir wären ja schließlich wegen der Wärme hergekommen, nicht?»

Sie traf es ziemlich genau.

«Aber schön ist es hier. Irgendwie habe ich es mir genau so vorgestellt.» Sie schaute sich um, mit großen blauen Augen, und sagte: «Sonne, blauer Himmel, Palmen, Hitze – was will man mehr. Weil man diese Bilder im Kopf hat, kommt man doch her, oder?»

«Meine Güte, sind diese Häuser schön! Die sind ja gelb, und wenn die Sonne darauf scheint, leuchten sie wie Gold. Und darüber der blaue Himmel, das ist schon fast zuviel.»

Sie war Redakteurin bei einer großen Frauenzeitschrift und hatte gebeten, sie am Bahnhof abzuholen. Sie war blond, freundlich, witzig, bisweilen burschikos, und wir waren sehr schnell beim Thema:

«Und es ist wirklich ganz einsam dort in St. Martin?»

«Haben Sie Angst, es könnte Ihnen zu einsam sein?»

«Nein, ganz im Gegenteil», lachte sie, «ich suche die Einsamkeit.»

Nun, so schrecklich einsam war es meistens doch nicht. Wir waren mit den Feriengästen zusammen ständig viele Menschen, und wegen unserer *ferme-auberge* gab es mittags und abends einen richtigen Besucherschub. Wir überlegten bereits, ob wir einen Parkplatz anlegen sollten.

«Sie haben ganze fünf Wochen gebucht, das ist selten.»

«Wenn man fünfzig Jahre alt ist, gibt es so schrecklich viel Urlaub, den man ja irgendwie herumbekommen muß. Und da ich die Kälte nicht mag und die Berge mich beengen, habe ich mir gedacht, ich nehme einmal im Leben Sommer satt.»

«Aber das kann doch nicht nur der Sommer sein, der Sie lockt?»

Sie lachte wieder. «Nein, natürlich nicht. Ich wollte keinen Trubel mehr, und da fand ich St. Martin mit seinem Angebot einfach interessant. Der Süden, ein einsamer Bauernhof mit künstlerisch-kreativem Angebot, das könnte etwas für mich sein. Wissen Sie, ich habe den Tourismustrubel mittlerweile ziemlich satt, denn für Alleinreisende kommt immer dasselbe dabei heraus. Man tummelt sich eitel, um die eine oder andere Affäre zu erleben. Ich habe beschlossen, jetzt mit fünfzig nur noch ich selbst zu sein.»

«Aber ich bitte Sie, fünfzig ist doch heute kein Alter.»

«Sie sind nicht fünfzig, oder? Wie alt sind Sie, wenn ich ...»

«Ich bin einundvierzig Jahre alt, und ich sehe dem Älterwerden ziemlich beruhigt entgegen, wenn Sie mir das nicht übelnehmen. Ich habe Freundinnen mit fünfzig Jahren und mehr, und ich darf Ihnen versichern, da sind einige ziemlich junge Frauen dabei.»

«Ja, ja, doch die tummeln sich vermutlich auch nicht mehr in Diskotheken für Zwanzigjährige, oder?»

«Nein, vermutlich nicht.»

«Sehen Sie, da beginnt das Problem. Ich war bisher nicht immer allein, ich hatte Freunde, ich lebte einige Jahre mit einem Mann zusammen, dann hatte ich vier Jahre lang eine Beziehung mit einem verheirateten Chefredakteur, der sich eigentlich scheiden lassen wollte, es dann aber doch nicht tat. Und ich hatte eigentlich nicht vor, für den Rest meines Lebens allein zu bleiben.»

«Na ja, das müssen Sie doch eigentlich auch gar nicht …»

«Sie sind verheiratet, Sie leben mit Ihrem Mann zusammen, und wenn ich Sie so anschaue, muß ich vermuten, daß Sie auch noch eine gute Ehe führen. Das ist heute gar nicht mehr so häufig, wissen Sie. Ich jedoch bin allein, und ich wachte eines Tages auf und stellte fest, daß der Zug für mich abgefahren ist.»

«Also …»

«Ja, doch, abgefahren. Und ich habe keine Lust, mich lächerlich zu machen, indem ich mich täglich im Fitneßcenter kasteie, nur damit ich noch einen Zwanzig- oder Dreißigjährigen verführen kann.»

«Aber es gibt doch nicht nur diese Altersklasse.»

«Ach was, natürlich nicht. Aber ich habe plötzlich festgestellt, daß mir der Sinn gar nicht mehr nach Verführen steht. Verstehen Sie das? Wenn ich einen Mann kennenlernen würde, mit dem ich mich gut verstehe, ja, dann würde ich ihn vermutlich auch verführen mögen, aber alles andere ist etwas für junge Menschen, die sich selbst noch suchen.»

Sie machte mich nachdenklich. Mein erwachsenes Leben hatte ich an der Seite von Philipp verbracht, denn als wir heirateten, war ich erst zwanzig Jahre alt. Ich wußte überhaupt nicht, wie ein anderes Leben aussieht. Wie wäre es mir ergangen, wenn ich Philipp nicht getroffen hätte? Ich konnte mich noch gut erinnern, daß er damals das totale Erlebnis für mich war. Er war schon so erwachsen, er war bereits wer, und ich war einfach nur jung und unerfahren. Alles was dann kam, machten wir gemeinsam, und meine Entwicklung war von Philipps nicht mehr zu trennen.

«Innerlich«, sagte Inke, «spüre ich auch heute noch keinen Unterschied zwischen sehr jungen Menschen und mir. Ich war vor einigen Wochen mit einer Freundin in einem Lokal, in dem nur junge Leute sind. Neben mir stand ein junger Mann, wir schauten uns immer wieder an, und ich spürte, es funkte irgendwie zwischen uns. Ich schlug ihm vor, noch woanders hinzugehen, und da grinste er und fragte mich, was denn mein Mann dazu sagen würde? Ja, und da wußte ich mit einem Mal, daß ich zu einer anderen Generation gehörte.»

«Aber war das denn nicht rücksichtsvoll von ihm?»

«Nein, gar nicht. Mit mir zu flirten, das war eine Sache, das geschieht immer wieder auch nur für die Bestätigung. Das machte er, um herauszufinden: Wirke ich eigentlich auch auf reifere Frauen? Aber sich mit mir einzulassen, das war eine ganz andere Sache. Vielleicht dachte er, mein Mann würde gleich neben mir stehen, vielleicht dachte er auch, zu Hause warten drei Kinder auf mich – auf jeden Fall war ich nicht seinesgleichen.»

«Ja, aber man hat doch auch sein eigenes Selbstverständnis, oder? Und das kann doch nicht abhängig sein davon, ob ein bestimmter junger Mann mit einem schläft oder nicht.»

Ich wollte es einfach nicht so leicht akzeptieren, und ich

war auch nicht sicher, ob ich nicht vielleicht jemanden vor mir hatte, der einfach nur mit seinem Alter kokettierte. Es gab doch Menschen, die immer nur hören wollten: Ach, das hätte ich nun nicht gedacht, daß Sie schon so alt sind.

«Nein, nein, Sie sollten mich nicht mißverstehen. Ich beklage mich nicht über mein Alter, ich beklage mich auch nicht, daß sich die Dinge ändern, ich erzähle Ihnen ja lediglich, daß ich plötzlich gezwungen bin zu akzeptieren, daß sich die Dinge geändert haben. Und das habe ich vorher nicht gespürt. Also versuche ich nur, mich darauf einzustellen und mein Leben zu ändern, damit keine schmerzhaften Situationen entstehen.»

«Gut, ja, ich verstehe. Wer weiß, wie mein Leben ausgesehen hätte, wenn ...»

Plötzlich stockte ich mitten im Satz. Was sollte ich ihr sagen? Daß ich Glück hatte, verheiratet zu sein? Das würde doch bedeuten, daß sie Pech hatte, nicht verheiratet zu sein. Aber konnte man das so sagen? Ich hatte in der Tat Glück gehabt mit Philipp. Das Glück lag nicht nur darin, daß wir uns liebten und uns auch noch gut verstanden, ich hatte als Frau Glück gehabt, einen Mann zu finden, an dessen Seite ich mich finden und verwirklichen konnte. Und das, obwohl die Voraussetzungen eigentlich nicht gerade günstig waren, denn ich hatte andere gekannt, die, ebenso jung wie ich damals, von der strahlenden Persönlichkeit ihres Mannes derart aufgesogen wurden, daß von ihnen nichts blieb als ein Krümel vom Tisch des Herrn.

«Sie werden sehen, bei uns kann es einem gutgehen», sagte ich versöhnlich.

Sie tat mir nicht leid, doch ich fühlte mit einem Mal eine

Solidarität zu ihr, die mich überraschte. Es war nicht leicht, sein Leben zu meistern, und für eine Frau schon gar nicht. Alle sind immer erst zufrieden, wenn sie eine Frau an der Seite eines Mannes sehen, in seinem Schatten sogar. Die Frau, die das verweigert, stellt sich bereits abseits …

«Deswegen habe ich ja gebucht.» Inkes Ton war versonnen, verträumt. Woran dachte sie?

«Wie sind Sie denn hierhergekommen, nach Frankreich?»

«Ach, es kam … Ja, was war eigentlich der Grund? Wir hatten im Urlaub einen Unfall, wissen Sie, aber im Grunde war es wohl so, daß mein Mann und ich das Glück hatten, gemeinsam und zur selben Zeit an dem zu zweifeln, was unser Leben ausmachte.»

«Reichte denn der Zweifel für ein neues Leben?»

«Nein, es kam alles zusammen. Ich hatte gemeinsam mit einer Freundin einen Buchladen, und wir arbeiteten wie die Verrückten. So ein Laden kann einen auffressen. Philipp ging Tag für Tag zur Uni und hielt seine Vorlesungen, und wir hatten kaum etwas voneinander, und das Leben, das wir führten, kam uns mit einem Mal seltsam unpersönlich vor, und dann entschieden wir uns spontan für ein neues Leben in Südfrankreich.»

Und schon erzählte ich Inke, die ich gerade erst abgeholt hatte, mein ganzes Leben, angefangen mit unserem Umzug nach Frankreich, über unser Leben in Hamburg bis zurück in meine Kindheit.

«Und Sie?» fragte ich zum Schluß. «Warum suchen Sie sich nicht einen Mann im passenden Alter? Oder vielleicht sogar zehn Jahre älter? Heute sind Sechzigjährige ja keine Opas mehr, da hat sich viel geändert.»

«Ach, wie denn?» Sie klang plötzlich desillusioniert, fast traurig. «Wo gibt's die denn, die reifen Männer im Abreißblock? Zuerst einmal: Wo treffe ich sie denn? In der Oper vielleicht, an der Champagnerbar oder gar im Museumscafé? Die Abend für Abend in den Kneipen stehen, also, ich weiß nicht recht. Zu vielen Anlässen wird man als Singlefrau gar nicht mehr eingeladen, weil viele Frauen Angst haben, man würde ihnen den Mann wegnehmen. Viele Feste werden von Paaren untereinander gefeiert, und es kommt dann noch hinzu, daß Paare mit Kindern andere Gesprächsthemen und andere Interessen haben als Singles.»

«Ist es wirklich so schlimm?» Doch im selben Moment wußte ich, daß sie recht hatte. Man lud sie nicht mehr ein, die alleinstehenden Frauen.

«Ja, es ist sogar noch schlimmer. Die Männer, die frei sind, sind entweder beziehungsungeeignet, oder sie haben andere Defekte. Und außerdem: Das Leben ist doch kein Supermarkt für Partner, wo man hineingeht, sich den Schönsten aus dem Regal nimmt und an der Kasse bezahlt. Nein, ein wenig mehr müßte da irgendwie schon sein.»

Ich hatte lange beschlossen, ihr den Aufenthalt so schön wie möglich zu machen. Sie hatte recht, aber ich konnte ihr nicht helfen. Konnte ich ihr vorwerfen, daß sie sich nicht rechtzeitig für einen Mann entschieden hatte? Konnte man das überhaupt auf diese Weise? Was war, wenn der Richtige niemals dabei war?

«Wie hätte er denn eigentlich aussehen müssen, Ihr Traummann?» fragte ich. Ich bemühte mich, fröhlich zu klingen, in der Hoffnung, unser Gespräch mehr auf die lustige Schiene zu bekommen.

«Ach, eigentlich ist das sogar ziemlich egal. Ich müßte mich verlieben, und er natürlich auch.» Sie schaute mich an, überlegte, dann lächelte sie und fügte hinzu: «Allzu dick sollte er allerdings wohl nicht sein. Ich kann nicht so richtig auf dicke Bäuche und Wellfleisch.»

Sie war schlank, jugendlich, wie unbenutzt, aber ich fragte mich, ob man wirklich diese Einschränkung machen konnte? Ich sagte jedoch nichts dazu.

«Vielleicht werden Sie mich verstehen, wenn ich Ihnen sage, daß ich mir heute für Abenteuer zu schade bin.»

«Ja, ich glaube, ich verstehe.»

Unterwegs hielt ich an, und wir tranken in einer Bar einen Kaffee und ein Mineralwasser. Bei dem schwülen Wetter mußte man viel trinken.

Wir ließen die Stadt hinter uns und fuhren durch die liebliche Vor-Cevennenlandschaft, die Hügel geschmückt mit wildwachsender Garrige, darunter, in den Tälern, grüne Weinblätter so weit das Auge reichte, und dazwischen die kleinen Gerätehäuschen der früheren Weinbauern. Aus meist gelben Natursteinen gebaut, mit hellroten römischen Schindeln gedeckt, daneben schattenspendende Bäume wie heruntergeschnittene Maulbeerbäume, dann und wann eine Zypresse, waren diese Häuschen Reste einer Zeit, als es weit war vom Hof bis zum Weinfeld. Sie dienten als Geräteschuppen, als Unterstand bei unverhofftem Wetterwechsel. Heute waren sie teilweise verfallen. Sie werden nicht mehr gebaut, seit der Weinbauer mit seinem Kombi aufs Feld fährt und nicht mehr mit Pferd und Wagen oder gar mit dem Ochsen vor dem Karren.

«Oh, sind diese Häuschen niedlich», staunte Inke, als hätte

sie meine Gedanken gelesen. «Die haben so eine ... eine menschliche Dimension. Kann man so etwas als Wochenendhaus bekommen?»

Das konnte man schon, doch ich fragte mich, wie die Wochenenden wohl aussehen mochten, zwischen Hamburg und der Garrigue von Montpellier? Aber ich wußte, wir hatte alle unsere Bilder im Kopf, vielleicht sogar im Herzen.

«Das ist ja ein Traum», schwärmte sie, «was haben Sie für ein Glück.»

«Ich sagte ja bereits, unser Umzug war weniger Glück als eine Entscheidung. Glück hatten wir später, und wie jeder Mensch hatten wir es auch bitter nötig.»

«Da sind wir, das ist St. Martin», sagte ich, als wir auf dem sonnigen, staubigen Weg um die Colline du Matin bogen.

«Oh», entfuhr es Inke, «das ist ja ... das ist ja wie aus einer Modelleisenbahn, fast zu schön, um wahr zu sein.»

Die drei gigantischen Pinien ragten hoch in den Himmel und beschirmten unsere romanische Kapellenruine aus dem 9. Jahrhundert. Die Häuser lagen in der Tat wie verzaubert vor dem grünen Garriguehügel, goldgelb, sonnig und südlich, und links und rechts dehnten sich die Weinfelder, so weit das Auge reichte. Olli, unser schwarzer Hund, stand träge auf, ganz gutmütiger Riese. Er hatte in der Sonne geschlafen, im Staub, und ich fragte mich wieder einmal, wie er es mit seinem schwarzen Fell überhaupt aushalten konnte. Er schwankte noch ein wenig und wedelte mit seinem kurzen Schwanz, als das Auto näher kam, dann gähnte er herzhaft. Dabei riß er sein Maul weit auf, daß seine großen Zähne in der Sonne blitzten und seine Zunge rosa leuchtete. Wie konnte jemand mit solchen Zähnen derart gutmütig sein.

«Oh, ein Hund», rief Inke, «darf ich schon mal aussteigen?» Und sie fügte entschuldigend hinzu: «Ich liebe Hunde, ich bin ganz verrückt nach ihnen.»

Als ich das Auto zu seinem Stellplatz fuhr, sah ich noch, wie sie vor Olli in die Hocke ging und er seinen Riesenkopf in ihre Armbeuge legte. In St. Martin gab es für jeden etwas.

Als Guy mich kommen hörte, kam er aus der Küche, wo er das Abendessen vorbereitete. Er stellte sich in die Sonne und reckte sich. Er sah groß und dick und freundlich aus – und fröhlich. Seit er mit mir in der Küche unserer *ferme-auberge* arbeitete, hatte er nicht abgenommen, im Gegenteil. Seine schwarzen Locken glänzten im goldenen Licht der Nachmittagssonne. Es war immer noch schwül, der Marin wehte.

«Charlotte, schön, daß du wieder da bist», sagte er gut gelaunt und legte den Arm um meine Schulter.

«Inke, das ist Guy», stellte ich vor, «wir arbeiten zusammen. Wir haben uns vorgenommen, die Küche der Garrigue wiederzuentdecken. Guy, das ist Inke aus Hamburg.»

Sie reichte ihm die Hand und sagte lachend: «Sie riechen gut – nach Knoblauch und Kräutern.»

Ein breites Lächeln überzog sein Gesicht. «Sie kennen sich gut aus, Mademoiselle. Und was Sie da beschreiben, ist nicht das schlechteste Parfum, wie ich finde.»

«Darf ich mir Ihre Küche bei Gelegenheit anschauen?» fragte Inke, «ich habe auch eine Schwäche für das Kochen, nicht nur für Hunde.»

Daß das eine Aussage mit Folgen sein würde, konnte ich in diesem Moment nicht ahnen.

Plötzlich stand Philipp neben uns. Mir war, als würde er irritiert auf Guys Arm schauen, der über meiner Schulter lag.

«Es ist zu schwül für so was», sagte ich zu Guy und machte mich wieder los.

«Inke, das ist mein Mann Philipp. Philipp, das ist Inke aus Hamburg.»

Sie gaben sich die Hand, doch bevor ich zu Philipp noch etwas sagen konnte, war er schon wieder verschwunden.

Guy duftete köstlich nach der Lammkeule mit Kräuterkruste, die für diesen Abend als Hauptgericht vorgesehen war. Die mit Knoblauch gespickte Lammkeule wurde sehr langsam bei achtzig Grad unter einer dicken Schicht Thymian, Rosmarin, Petersilie, Knoblauch und Semmelbrösel gegart, sie lag auf einem Bett aus Rosmarin- und Thymianzweigen. Wir hatten am Morgen einige Arme voller frischer Kräuter aus der Garrigue geholt.

«Wenn Sie sich für eine professionelle Küche interessieren, kommen Sie am besten gleich mit zu einer ersten Besichtigung», sagte Guy fröhlich lachend und reichte ihr den Arm, «und danach kommen Sie dann jeden Tag, und wir kochen gemeinsam etwas Schönes, ja?»

Und schon war sie fort, bevor sie noch ihre Sachen aus dem Auto geholt hatte, ihre Wohnung in Besitz genommen, sich frisch gemacht. Sie muß in der Tat gern kochen, dachte ich. Weiter dachte ich in dem Moment nicht.

Der Marin wehte den Duft des Mittelmeers herüber, und ich sehnte mich nach einer Dusche. Die Äste der Pinien bewegten sich im Wind, die großen Blätter der Maulbeerbäume raschelten aufgeregt.

Es würde ein Abend ohne Kühle werden, ein Mond mit Hof, eine schwüle Nacht.

ZIEGENKAESEGRATIN MIT BLAETTERTEIGKRUSTE

• 4 Ziegenkäse frais-frais • 2 Eier • 2 EL Olivenöl • 1 EL Bohnenkraut, gerebelt • 1 EL frisches Bohnenkraut, grob gehackt • 1 große Platte Blätterteig • Meersalz und frisch gem. Pfeffer

Den grob zerbröckelten Ziegenkäse gebe ich in eine Schüssel, mische ihn gründlich mit den Eiern, dem Öl und dem Bohnenkraut, dann würze ich mit Meersalz und frisch gemahlenem Pfeffer. Die Käsemasse fülle ich in eine gebutterte feuerfeste Form, bedecke sie mit der Blätterteigplatte und drücke die Ränder gründlich an. Im auf 180° vorgeheizten Backofen lasse ich die Croute etwa 20 Minuten backen und serviere heiß.

Dazu essen wir einen Salat aus mehreren Blattsalatsorten, mit einer Vinaigrette aus Rotweinessig und Olivenöl, angemacht mit enthäuteter, kleingewürfelter Tomate.

Wenn ich Rotweinessig für die Vinaigrette genommen habe, trinken wir dazu einen Roten aus dem Languedoc-Roussillon, bis hin zu einem vollmundigen Corbières.

Zu einer Weißweinvinaigrette trinken wir einen Blanquette de Limoux, einen hervorragenden Schaumwein aus den Corbières.

Freud und Leid

Anna machte ein ernstes Gesicht.

«Muß ich im Sommer auch wegfahren?»

«Wie kommst du denn darauf?»

«Alle anderen in meiner Klasse fahren in den Ferien weg, und da dachte ich, ich müßte vielleicht auch?»

Sie schaute mich ängstlich an, und mir schmolz das Herz.

«Und du möchtest lieber bleiben, Anna?»

«Ja, es ist doch so schön hier, viel schöner als Ferien.»

«Das hier sind deine Ferien. Du wirst hierbleiben, meine Kleine, du wirst deine ganzen Ferien hier verbringen, bei den Ziegen, bei Olli, bei uns allen und auch bei den vielen Kindern, die kommen werden.»

Ich nahm sie auf den Schoß, drückte sie fest, und sie seufzte tief vor Glück und Zufriedenheit. Es war schön, ein Kind in St. Martin zu haben, bald würden es zwei sein. Sie halfen dabei, auf dem Boden zu bleiben.

Der Sommer, lang erwartet, begann bei uns so hektisch wie die Formationsflugübungen der kreischenden Mauersegler im blauen Himmel. Alles war ausgebucht, selbst das letzte Bett war irgendwo zugestellt, und das würde bis zum Ende der Hitze so bleiben. Die Mauersegler würden sich Ende Juli nach Süden absetzen. Gingen sie nach Südspanien und kreisten dort über den Hochebenen Andalusiens, sammelten sie die Mücken und Fliegen über Sevillas blauem Himmel fort, oder setzten sie über die Meerenge von Gibraltar über nach Marokko, wo sie über den Berbern des Hohen Atlas kreisten? Ich beschloß, bei Gelegenheit einen Ornithologen zu fragen.

Arme Sabine, es war sehr heiß. Ihr Bauch war nicht sehr dick, doch sie war hochschwanger, watschelte im Entengang zum Atelier und sah sich vor, daß sie nicht noch einmal durch unvorsichtiges Verhalten vorzeitige Wehen auslöste. Keine Aufregung, keine Hektik, kein Streß für sie. Gerhard brachte ihr jeden Tag einen Strauß Blumen und Gräser aus der Garrigue.

«Wenn Mütter auf Schönes schauen, bekommen sie glückliche Kinder», war seine Theorie.

«Ich habe Angst vor den Schmerzen, Charlotte. Selbst wenn ich sie bereits kenne ...»

«Das ist normal, Sabine, jede Frau hat Angst davor.»

Sie lächelte mich vertrauensvoll an. Es hatte sich zum Ritus ausgeweitet, daß sie mich fragte und ich ihr die Sicherheit gab, daß alles normal war. Und warum sollten wir das auch nicht durchspielen?

«Möchtest du eine Spritze?»

«Auf gar keinen Fall. Ich möchte die Geburt erleben.»

Sie war tapfer, und ich bewunderte ihre Natürlichkeit.

«Nach Neujahr werden Gerhard und ich anfangen, das Loch für den Pool auszuheben», sagte Philipp, und Gerhard nickte bestätigend. «Die Anregung von Hera und Alex war gar nicht schlecht, und uns beiden wird das Schwimmen auch guttun.»

Ja, aber wann, dachte ich, sagte es jedoch nicht.

«Er sollte nicht allzu klein sein, für die vielen Menschen hier.»

«Gut, aber wir werden sicher auch kein Freibad bauen ...»

Guy und ich kochten mittags und abends für viele Menschen. Wir hatten uns darauf geeinigt, uns abwechselnd an den großen Tisch unter den Maulbeerbäumen zu setzen. Wenigstens zum Essen, und hektisch war es trotzdem. Wir hatten drei Hilfen in der Küche, einen Praktikanten der *lycée gastronomique* und zwei junge Frauen aus St. Jean d'Hortus, doch uns blieb jeden Tag genug Arbeit, um abends todmüde ins Bett zu fallen.

Die Wohnungen waren voll belegt, der Tisch war jeden Abend bis auf den letzten Platz besetzt. Man konnte zwar auch selbst kochen, doch niemand tat das. Anna hatte immer wieder eine größere Anzahl Spielgefährten, sie war glücklich. Manchmal hatte ich den Eindruck, sie hätte die Kindermalkurse auch ganz allein geben können. Gerhard hatte mittlerweile Routine für seine Kurse, er ließ sich nicht mehr von alleinreisenden Damen aus der Fassung bringen.

«Ich möchte jeden Montag einen Ausflug nach Beauduc anbieten, mit einem großen Picknick. Ich könnte das noch einschieben. Wir fahren mit mehreren Autos, nehmen die Kinder mit, das wird allen gefallen.»

Es war eine großartige Idee.

«Wird das nicht zuviel für dich?» fragte ich vorsichtig, doch er zitierte aus John Steinbecks «Tortilla Flat»:

«... wie viele Maulesel habt ihr? Dreißigtausend? Bindet sie alle zusammen ...»

Und dann lachte er schallend. Wir fielen alle ein, auch Sabine, die sich dabei besorgt ihren Bauch hielt.

Jeder hatte in St. Martin seine Aufgabe, und wir alle gaben uns in diesem Jahr ganz besonders viel Mühe, denn wir mußten Sabine mittlerweile fast ganz ersetzen. Jetzt, zum Schluß ihrer Schwangerschaft, konnte sie nicht sehr viel mehr machen als ein wenig nach dem Rechten sehen, ans Telefon gehen und die Aperitife einschenken. Gerhard war voll belastet, mehr ging einfach nicht. Er hatte Martins Wanderungen übernommen, Sabines Kurse, und er hatte seinen eigenen dazu und dann jetzt noch die Ausflüge ans Meer. Ich war ebenfalls reichlich beschäftigt mit der Küche und mit den Kochkursen, die ich alle drei Wochen gab. Philipp tat, was er konnte, er deckte den Tisch, sorgte bei den Mahlzeiten für Wasser und Wein und Brot, sprach mit den Gästen, gab ihnen Tips, hörte ihnen zu. Er war ein guter Gastgeber. Daß er sich daneben auch noch um die Gästehäuser kümmern mußte, hier einen verstopften Abfluß reparierte, dort einen tropfenden Hahn versorgte und eine verzogene Tür abhobelte, ließ sich nicht vermeiden. Guy und ich wechselten uns manchmal in der Küche ab, doch meistens arbeiteten wir zusammen. Die Reservierungen rissen nicht ab, was ein Glück war. Ich hatte noch nie so viel Arbeit wie hier in St. Martin, und doch war ich so glücklich wie noch nie. An ein entspannendes Wochenende mit Philipp in Montpellier oder Beauduc war in diesem Sommer allerdings nicht zu denken.

«Kannst du mich am Sonntag vertreten? Ich glaube, ich muß mal raus», fragte Guy unvermittelt zwischen Ziegenkäse-Gnocchi mit Pesto und gegrilltem Loup de Mer mit wildem Fenchel, während die *crème brûlée* im Backofen Blasen schlug.

Natürlich vertrat ich ihn. Wir arbeiteten auf eine wundervolle Weise zusammen, als Freunde und Kollegen, und wir hatten beschlossen, uns gegenseitig das Leben leicht zu machen, wo wir konnten. Wider Erwarten klappte das sogar. Allerdings hatte ich alle Hände voll zu tun, und so hatte ich gar keine Zeit zu bemerken, daß Inke sich ebenfalls vom Essen abmeldete. Selbst wenn ich es bemerkt hätte, hätte es nichts geändert. Sie waren doch erwachsen. Was los war, begriff ich erst, als Guy mir am Montag in der Küche erzählte, er wäre am Wochenende in der kleinen Stadt Sauve gewesen und hätte im «Cochon Vert» gegessen, einem lauschigen Landgasthof. Ich gönnte ihm seinen Ausflug. Und am Nachmittag erzählte mir Inke dann:

«Wirklich, diese ganze Gegend ist derart bezaubernd, da möchte man am liebsten auch gleich umziehen.» Und dann fügte sie bedauernd hinzu: «Aber was könnte ich hier machen?»

«Freie Mitarbeit vereinbaren und mit der Redaktion vernetzt sein», sagte ich spontan auf ihre Frage, die eigentlich keine war.

Inke schaute mich erstaunt an. «Ja ... das könnte gehen», sagte sie nach einer Weile nachdenklich. «Ich denke, ich sollte mich mal erkundigen.»

«Na, das klingt ja plötzlich ganz ernst.»

«Das Klima bei uns im Norden ist ernst, und überhaupt.»

Ich mußte lachen, das «überhaupt» hatte ich zuletzt von Martin gehört.

«Sie haben sich also mal ein wenig umgeschaut?»

«Ja, wir haben gestern in Sauve gegessen, in dem süßen kleinen Restaurant ‹Le Cochon Vert›. Das und diese schöne kleine Stadt am Fluß, dahinter das Felsenchaos, nicht weit davon die Cevennen, also, ich muß schon sagen, da geht einem das Herz auf.»

Sauve? Das hatte ich heute doch schon von Guy gehört. Mit einem Mal wurde mir alles klar. Deshalb sahen sie alle beide so glücklich und entspannt aus. Ich gönnte es ihnen von Herzen, und Inkes freimütiges Bekenntnis bei ihrer Ankunft hatte noch lange in mir gearbeitet. Wie leicht konnte es einem Menschen passieren, daß er den Absprung nicht fand, und plötzlich stellt er fest, daß er älter wird.

«Ja», sagte ich sibyllinisch, «dafür, daß einem das Herz aufgeht, dafür ist der Urlaub ja unter anderem auch da.»

Und am nächsten Tag sah ich sie neben Guy in der Küche, und er zeigte ihr, wie er zwei Wochen alten Ziegenkäse in Essigwasser blanchierte, mit Bast in Eßkastanienblätter einband und sie in Henris Marc, den selbstgemachten Tresterschnaps der Familie de La Ville, einlegte. Nach zwei Wochen wird er herausgenommen und getrocknet. Er ist unvergleichlich im Geschmack, scharf und mild zugleich, würzig und sahnig, er ist himmlisch.

«Ich habe von meiner Mutter nur gelernt, wie man Schnippelbohnen einlegt.»

Als ich Guy das übersetzte, lachte er so sehr, daß er sich hinsetzen mußte.

«Vor einer Woche hatten wir eine Reservierung von neun Studenten», erzählte ich, «die gemeinsam das Ende des ersten Studienjahres feiern wollten. Daß Studenten miteinander essen gehen, das gibt es überall, daß sie sich jedoch weit hinaus aufs Land begeben, das finde ich schon ungewöhnlicher. Doch als ich mitbekam, wovon das Tischgespräch ungefähr zwei Stunden lang handelte, wunderte ich mich doch. Jeder bot sein bestes Rezept auf für in Alkohol eingelegte Früchte. Von Mirabellen in Marc de Champagne war da die Rede, von Orangen in *eau-de-vie*, von Lychees in Pineau de Charantes, von Stachelbeeren in Muscat und so weiter. Ich staunte nur und kam aus dem Staunen gar nicht mehr heraus, als ein Mädchen für das Orangenrezept eines jungen Mannes mit einem langen Zopf den Hinweis gab, doch kurz nach Weihnachten die Orangen aus Nizza zu nehmen, das wären zwar Bitterorangen, doch das Aroma der Schale wäre unvergleichlich, und überhaupt würde sie sich jedes Jahr einen ganzen Vorrat an Orangenschalen aus Nizza einfrieren, gerieben, geschnitzelt, in ganzen Stücken. ‹Und was ist mit den Zitronen von der Côte d'Azur?› fragte ein junger Mann, die wären doch auch hervorragend und garantiert unbehandelt, das würde man doch kaum noch finden. Also er würde Schale und Saft einfrieren fürs ganze Jahr, den Saft in diesen Eiswürfel-Portionsbeuteln.»

«Wie alt waren die?» fragte Inke.

«Ungefähr neunzehn oder zwanzig Jahre alt, auf keinen Fall älter.»

«Und die sahen normal aus, wie alle anderen?»

«Völlig normal, wirklich. Sie studierten im übrigen alle Biologie und nicht Gastronomie.»

«Alle Achtung, das ist schon etwas anderes als Schnippelbohnen.»

«Ja, aber das war noch nicht alles. Sie hatten in Ruhe den Aperitif eingenommen, und als sie erfuhren, daß sie vor dem Essen noch ein wenig Zeit hatten, haben sie sich alle noch Ziegenkäse gekauft.»

«Aber das ist doch normal hier in Frankreich. Oder?»

«Das ja, doch als ich sah, daß jeder mindestens fünf nahm, fragte ich doch, was sie damit machen. Sie sagten, sie würden sie sich in Öl einlegen, mit aromatischen Kräutern, die einen mit, die anderen ohne Knoblauch, und sie sagten, sie hätten unterwegs bereits frischen Lorbeer gepflückt und Thymian und Rosmarin und wilden Fenchel.»

«Was für ein Land!» entfuhr es Inke. Sie meinte es ernst. «Als ich meine erste selbstgekochte Tomatensoße mit meinem ersten selbstgetrockneten Basilikum kochte, war ich schon so stolz auf den großartigen Geschmack, daß ich meinte, ich könnte auch ein Kochbuch schreiben.»

«Wie wäre es denn, wenn du ein wenig Kenntnisse von der Küche der Garrigue mit in den Norden nimmst?» fragte Guy, und plötzlich fiel mir auf, daß ich mit Inke Französisch gesprochen hatte, damit er am Gespräch teilnehmen konnte.

«Das ist eine gute Idee. Ich denke, ich kann sie dort gut gebrauchen. Wenn ich an die feuchte Kälte denke, an die Monate November und Dezember, dann wird mir schon jetzt ganz anders.»

«Wenn man euch so von Hamburg sprechen hört, dann muß man annehmen, daß das Leben dort menschenunwürdig ist?»

Wir lachten beide, Inke und ich.

«Ja, so ähnlich kommt es einem vor, wenn man hier im Sonnenschein sitzt, unter einem leuchtend blauen Himmel. Aber Martin hat geschrieben, daß man sich ganz schnell wieder an das Wetter gewöhnt, weil man es doch nicht ändern kann. Und außerdem gibt es jede Menge warme Kleidung. Und dann muß ich noch ein Geständnis machen: Hier ist es im Winter auch nicht immer nur warm.»

«So», lenkte Guy ab, den es innerlich bei dieser Vorstellung offenbar fröstelte, «und nun machen wir uns mal an deinen eigenen Kochkurs. Heute zeige ich dir, wie man *rougets* in einer Kruste aus grobem Meersalz, Basilikum und Rosmarin zubereitet.»

«Rougets sind Rotbarben», erklärte ich auf deutsch und

wies auf die kleinen roten Fische, die auf einer Platte bereitlagen. Sie waren am Morgen aus dem Hafen von Sête gekommen, der Fischhändler hatte sie auf seinem Weg nach Ganges gebracht. Für mich waren sie mit ihrer wundervollen Farbe der Inbegriff der Mittelmeerfische. Fast ehrfurchtsvoll schauten wir zu, wie Guy sie ausnahm, entschuppte und mit Rosmarin und Basilikum füllte. Dann verarbeitete er das grobe Salinensalz, Basilikum, Rosmarin und Petersilie zu einer grünen Salzmasse, in die er die Fische in einer Steingutform bettete und in den Ofen schob.

«So, zwanzig Minuten bei 180 Grad, und schon haben wir ein köstliches Gericht.»

Geschickt häutete er Tomaten, entfernte die Kerne und schnitt das Tomatenfleisch in daumennagelgroße Stücke, die er, vermengt mit Olivenöl und Basilikum, an den Rand des Herds stellte, um sie vorsichtig anzuwärmen.

«Wenig Hitze», erklärte Guy, und ich hatte das Gefühl, daß ihm bereits bei dem Gedanken das Wasser im Mund zusammenlief, «das macht einen hervorragend parfümierten Fisch. Ein anderes Mal werden wir in diese Tomaten mit Olivenöl einfach ein Lachsfilet einlegen und lauwarm durchziehen lassen. Es kann zwei Stunden so stehen, es wird irgendwann gar und danach nur noch besser. Der Fisch ist ein Wassertier, er mag eben keine Hitze.»

Er steckte einen Finger in das Tomaten-Basilikum-Olivenöl-Gemüse, dann leckte er ihn genießerisch ab. Inke schaute ihn bewundernd an. Einen Mann wie ihn hatte sie offenbar noch nie kennengelernt, das konnte ich sehen, und obwohl er nicht gerade schlank war, gefiel er ihr. Ich musterte sie von der Seite. In den paar Wochen, die sie jetzt hier war, hatte sie sich verändert. Das Traurige war fort, Inke war plötzlich eine glückliche Frau.

Sie kochten gemeinsam, sie aßen zusammen, sie fuhren nach Beauduc, sie fingen Flußkrebse in der Lez, sie lachten und freuten sich des Lebens.

Und dann war der Tag der Abreise gekommen. Guy hatte darum gebeten, sie nicht zum Zug zu bringen.

«Kommst du wieder?» fragte er, ausnahmsweise ernst.

«Wartest du auf mich?» war ihre Gegenfrage.

Und dann lachten sie laut und fielen sich in die Arme.

Auf dem Bahnhof fragte Inke lächelnd:

«Was ist eigentlich dran an den jüngeren Männern?» Und die Sonne brannte vom Himmel, blendete.

Ich wußte es nicht, hatte es lange vergessen.

Und dann weinte sie, und ich wußte nicht, wie ich sie trösten sollte. Ich nahm sie in den Arm, und wir standen dort schweigend, bis der Zug einfuhr.

ROTBARBEN IN KRAEUTER-SALZKRUSTE

4 Personen

• 4 Rotbarben, je 250 g • 2 kg grobes Meersalz • 3 Zweige Rosmarin • 1 Bund Gartenbasilikum, davon • 6 Blätter für das Tomatenöl • 6 frische Lorbeerblätter • 5 sonnenreife Tomaten • ½ Knoblauchzehe • 1 Tasse Olivenöl • 1 Zitrone • 1 Bund Petersilie

Die ausgenommenen, entschuppten Rotbarben, denen ich die Flossen stutze, fülle ich mit einigen Rosmarinna-

deln und einem Blatt Basilikum und einem Lorbeerblatt. Dann gebe ich die 2 kg Meersalz in das elektrische Rührgerät, zusammen mit den gehackten Kräutern und den beiden restlichen Lorbeerblättern, die ich ebenfalls fein hacke. Ich lasse alles so lange rühren, bis das Salz grün ist und sich gut mit den Kräutern verbunden hat.
Das Salz gebe ich in eine feuerfeste Steinform, lege die Rotbarben nebeneinander hinein, bedecke sie ganz mit Salz und setze die Form 20 Minuten lang in den auf 180° vorgeheizten Backofen.
In dieser Zeit häute und entkerne ich die Tomaten, schneide das Fleisch in kleine Würfel und hacke die restlichen 6 Basilikumblätter. Die Tomatenwürfel würze ich mit Salz und frisch gemahlenem Pfeffer und mische sie zusammen mit dem Basilikum unter das Öl. Zuletzt gebe ich zum Parfümieren die zerdrückte halbe Knoblauchzehe hinzu, sie wird nicht mitgegessen. Diese Mischung erwärme ich sehr vorsichtig, lasse sie jedoch nicht heiß werden.
Nach der Garzeit nehme ich die Rotbarben aus dem Ofen, öffne vorsichtig mit einem Holzspatel die Salzkruste, nehme die Fische heraus und lege sie nebeneinander auf eine gut angewärmte Platte. Dann häute ich die Fische, benetze sie mit Zitronensaft und gebe das lauwarme Tomatenöl darüber.
Dazu trinken wir in jedem Fall einen roten Coteaux du Languedoc vom Château de Flaugergues, am Stadtrand von Montpellier.

Urlaubsversuchung und Martins Rückkehr

Ich stand in meinem Gemüsegarten, neben mir das Weinfeld, ich schaute auf sonnenreife, tiefrote Tomaten und die grünen Blätter der Tomatenstaude. Der köstliche Duft des Tomatengrüns stach mir in die Nase und ließ mir das Wasser im Mund zusammenlaufen.

Es war Morgen, und die Sonne brannte so intensiv, daß ich beschloß, mir einen Strohhut aufzusetzen. Ich hatte einen großen Korb reifer Tomaten gepflückt und dazu einen weiteren mit grünen, aus denen ich ein *confit des tomates vertes* kochen wollte, als Sommerbeilage zu kaltem Lammbraten. In einem dritten Korb lagen Gurken, grüne und rote Paprika für die kalte Gemüsesuppe und Artischocken für die Vorspeise. Einige andere Artischocken hatte ich seit Wochen im Garten stehenlassen, ihre riesigen blaulila Blüten leuchteten intensiv im Sonnenlicht.

Fröhlich pfeifend kam der Briefträger durch das Weinfeld und drückte mir die Post in die Hand. Wie Guy war er immer gut drauf, selbst wenn es Ozeane regnete. Eine Postkarte zeigte die Elbe bei Övelgönne. Riesige Eisbrocken türmten sich, Menschen kletterten dick eingemummelt auf ihnen herum, und die Luft war eisig-dunstig. Plötzlich dachte ich an Winterspaziergänge, an dicke Schals, warme Mützen und Handschuhe und an das wundervolle Gefühl, wenn man in einem Café eine heiße Schokolade oder einen Grog trank. Und ich dachte auch an Eiergrog an der Nordsee.

«Macht euch keine Sorgen», schrieb Martin, «alles läuft

prima, und ich werde bald wieder bei euch sein. Bald ist auch meine Eiszeit vorbei, wartet bitte auf mich.»

Die Informationen aus Hamburg, seine Nachrichten, waren tatsächlich gut. Er hatte keine schlechten Noten, und es war einigermaßen sicher, daß er dieses Mal sein Abitur schaffen würde. Bald war es soweit, nur noch einige Wochen. Ich spürte, wie aufgeregt ich innerlich war. Mein Sohn fehlte mir. Mir wurde mit einem Mal klar, daß ich ihn das ganze Jahr über vermißt hatte. Wie würde es weitergehen? Er wollte nach St. Martin zurückkommen, aber würde er bleiben? Er hatte ein deutsches Abitur gemacht, vielleicht wollte er auch in Deutschland studieren? Je älter ich wurde, desto stärker wurde mein Bedürfnis, die Familie um mich zu haben, doch gleichzeitig war ich mir bewußt, daß ein erwachsener Sohn nicht mehr bei seinen Eltern wohnen konnte. Ich sehnte mich nach einer Großfamilie, aber irgendwie schämte ich mich auch dafür, denn das schien mir ein Wunsch von «Annodunnemals» zu sein. Hatte es damit zu tun, daß wir als Ausländer in der Fremde wohnten? War der Midi überhaupt noch fremd für uns? In meinen Tagträumen hatte ich das Bild von einem großen Familienhaus auf dem Land vor Augen, um Philipp und mich herum wuselte es nur so von jungen Menschen und Enkelkindern. Es war unrealistisch, denn wir hatten doch nur einen Sohn, Martin. Allerdings hatte ich auch Sabine und Anna und Gerhard als meine Familie vereinnahmt.

Sabine war in der letzten Runde ihrer Schwangerschaft, sie schnaufte jetzt vor Anstrengung, jedoch sie hielt eisern durch. Sie war fröhlich, aus sich selbst heraus täglich guter Dinge, und sie freute sich auf ihr zweites Kind. Endlich würde sie eine richtige Familie haben, mit einem Mann, einem Vater für

Anna und noch einem Kind. Man konnte zuschauen, wie ihr das guttat. Allerdings versuchte natürlich jeder in St. Martin, sie nach Möglichkeit zu schonen. Wenn sie sich nur bewegte, sprang schon jemand auf, um ihr Schweres abzunehmen, einen Stuhl zurechtzurücken, die Tür aufzuhalten. «Halt, ich bin doch nicht krank!» rief sie, wenn es ihr zuviel wurde. Die Nervosität stieg, jeder freute sich auf «unser zweites Kind» nach Anna, nicht nur Gerhard.

Die beiden Tomatenkörbe ließ ich stehen, ich würde sie holen lassen, und kaum hatte ich mein restliches Gemüse aufgenommen und das Küchenhaus erreicht, da sah ich Holger, einen jungen süddeutschen Antiquitätenhändler, vor seinem Haus in der Sonne stehen, das Handy in der Hand, und telefonieren. Seine Haare waren verwuselt, er sah aus wie gerade aus dem Bett gekommen.

Es war klar, daß er draußen telefonierte, damit niemand mithörte, und ich hatte Mühe, ein Grinsen zu unterdrücken, als ich das sah. Die Vorteile des Handys ... Offenbar ging es um etwas, was Klaus, sein Freund, Lebensgefährte und Geschäftspartner, nicht erfahren sollte. Da hörte ich auch schon einen durchdringenden Schrei, die Tür ging auf, und eine volle Reisetasche flog in hohem Bogen heraus.

«Du Schwein!» hörte ich eine sich überschlagende Stimme, und ich muß sagen, zusammen mit dem heimlichen Telefongespräch machte diese Bezeichnung sogar für mich Sinn – selbst wenn ich eben noch fast gegrinst hätte.

«Nicht einmal einschlafen darf man, schon gehst du fremd!»

Unwillkürlich zog ich den Kopf ein, denn diese Beschuldigung war massiv. Blitzschnell ließ ich ihr bisheriges gemeinsames Auftreten vor meinem inneren Auge Revue passieren, doch mir fiel nichts ein, was zu dieser Anklage hätte Anlaß geben können. Sie waren alle beide wohlerzogen, ruhig, häuslich, und sie machten vor allem den Eindruck, sich in einer gefestigten, liebevollen Partnerschaft wohl zu fühlen. Nein, irgend etwas stimmte da nicht.

«Aber hör doch mal, Klaus ...»

«Nichts will ich und vor allem nicht hören, du ... du ... du Schwein, du!»

Was konnte ich in diesem Moment tun? Es schien mir ratsam, mich vorerst nicht einzumischen. Klaus konnte ich nur hören, nicht jedoch sehen, und Holger stand vor dem Haus, hatte inzwischen seine Reisetasche in der Hand, in der anderen Hand das Telefon, und er wirkte unschlüssig – und schuldbewußt und verlegen.

Und dann flog eine Flasche in hohem Bogen hinaus in den Hof. Sie zerplatzte mit einem häßlichen Geräusch, ich hörte die Glassplitter klirren, und schon wehte der Duft eines alkoholischen Getränks zu mir herüber.

«Nein, nicht das!» rief Holger mit entsetzter Miene. «Nicht den Cartagène!»

Statt einer Antwort flog eine weitere Flasche, und ich hörte Klaus' Stimme:

«Und da: dein Muscat aus St. Jean de Minerve!»

Wieder das Klirren von Glas. Es folgten Mireval, Lunel, Frontignan, alles Muscat-Lagen.

«Und dein Banyuls!» Die Stimme überschlug sich fast.

«Nein, nein ...»

«Dein Maury, dein Rivesaltes, der Rasteau, der Baume-de-Venise ...»

«Bitte nicht ...»

Weinend setzte Holger sich auf seine Reisetasche, auf seiner Kleidung zeichneten sich die dunklen Flecken aromatischer Süßweine ab. Diese Sammlung süßer Aperitifweine war sein ganzer Stolz. Er hatte sie in vielen langen Ausflugsfahrten zusammengetragen und wollte sie zu Hause seinen Freunden vorführen. Was da im Hof von St. Martin zerschellte, war nicht einfach Supermarktware, sondern einzelne Flaschen von kleinen Produzenten, die ihr ganzes Können und ihren ganzen Stolz auf Flaschen gezogen hatten. Auf den Steinen zerschellten die Stationen einer getränkekulinarischen Reise.

Ein lieblicher Duft durchzog St. Martin. Ich ging auf Holger zu, berührte ihn an der Schulter und forderte ihn auf:

«Kommen Sie mit, ich denke, wir sollten ihm erst einmal Gelegenheit geben, sich zu beruhigen.»

Die meisten unserer Gäste schliefen noch, doch ich wollte keinen Eklat riskieren, und außerdem fand ich, daß es ihrer Beziehung sicher nicht dienlich wäre, wenn sie sich zum Objekt von Neugier und vielleicht sogar Schadenfreude machen würden.

«Es war alles meine Schuld», sagte er, als er in unserem Wohnzimmer mit einem Glas Wasser auf dem Sofa saß. «Ich weiß gar nicht, was in mich gefahren war. Wir haben sonst eigentlich überhaupt kein Problem mit der Treue.»

Mir widerstrebte es zwar, mir eine Generalbeichte anzuhören, doch ich glaubte, keine Wahl zu haben. Um die pikanten Details einer Männerbeziehung riß ich mich wahrhaftig nicht.

«Wir waren gestern abend noch zum Tanzen, und alles war wie immer. Aber dann war da dieser junge Mann ...»

«Er tanzte erst mit Klaus und dann mit mir, und dann tanzten wir alle gemeinsam. Er sah unglaublich gut aus, er hatte so etwas Südliches, ich weiß gar nicht, wie ich es nennen soll.

Es war mehr ein harmloser Flirt, fand ich, und wir waren alle beide wie verzaubert von seiner Schönheit. Und wie er sich beim Tanzen bewegte ... Wir tranken noch eine Flasche Champagner gemeinsam, und als wir uns verabschiedeten, gab er uns seine Telefonnummer. Wenn wir Lust hätten, ihn wiederzutreffen, sagte er, sollten wir nicht zögern, einfach anzurufen. Es war übrigens Klaus, der die Nummer einsteckte.»

Er machte eine Pause und rief sich den Vorabend in Erinnerung, dann fuhr er lächelnd fort:

«Und sonst war nichts, wirklich nicht. Nur daß wir vor dem Schlafengehen noch über ihn sprachen, und wir waren uns ganz einig, daß man einen derart schönen Menschen nicht häufig trifft. Alles an ihm stimmte, wissen Sie, wirklich alles. Und so gingen wir schlafen, wie immer.»

Er hielt inne, schien nachzudenken.

«Und dann?» fragte ich in diese Pause hinein.

«Ja, dann träumte ich heute nacht von diesem jungen Mann. Es war ein schöner Traum, und als ich aufwachte, schlief Holger noch, und ich wußte, ich wollte ihn wiedersehen. Ich war wie beseelt von seiner Gestalt, seinen Bewegungen, und ich nahm einfach die Telefonnummer aus Klaus' Jacke und ging nach draußen, um ihn anzurufen.»

«Sie wollten sich heimlich mit ihm treffen, oder?»

Er schaute mich ratlos an.

«Ach, wenn ich das wüßte. Vielleicht nicht einmal, nein. Ich wollte einfach mit ihm sprechen, seine Stimme hören, und vielleicht wollte ich, daß wir ihn wiedertreffen, wieder mit ihm tanzen gehen. Einfach so ...»

«Und dann wachte Ihr Freund auf, und Sie waren draußen und telefonierten ...»

«Ja, genauso war es. Und er fühlte sich offenbar sofort betrogen.»

«Was Sie natürlich ungerecht und unverständlich finden?»

«Nein, ich denke nicht. Ich weiß nicht, vielleicht wollte ich doch einfach einmal ... ein einziges Mal ... Ach, es ist wohl bei vielen Paaren so, die schon lange zusammen sind, was meinen Sie?»

Ich wußte es nicht, wirklich nicht. Die Versuchung gehörte vermutlich zum Leben, doch wie weit sie gehen konnte, wie heftig sie reizen durfte, das muß wohl jeder allein entscheiden.

«Ich denke, sobald Ihr Freund sich beruhigt hat, sollten Sie zu ihm gehen und versuchen, die Dinge wieder einzurenken. Es ist ja weiter nichts passiert, als daß Sie sich plötzlich verführt fühlten.»

«Ja», sagte er dankbar und stand auf, «Sie haben vermutlich recht. Man muß zu sich stehen und zu seinen Wünschen und Reaktionen, dann wird man vermutlich auch mit seinem Partner zurechtkommen.»

Holger seufzte einmal tief und fragte dann:

«Und wo bekomme ich jetzt einen Kaffee?»

Ich wies durch das Fenster nach draußen auf den großen Tisch:

«Und vergessen Sie nicht, etwas zu essen, das hilft sicherlich auch. Und wenn Sie fertig sind, stellen Sie Ihrem Freund ein schönes Frühstück zusammen und bringen es ihm, ja?»

Und ich hoffte, daß das Geschirr heil bleiben würde – aber das sagte ich ihm in diesem Moment nicht. Warum sollte ich nicht noch mit ihm gemeinsam eine Tasse Kaffee trinken, nach dem Schrecken? Ich stand ebenfalls auf und öffnete die Tür und – stand vor Martin, meinem Sohn!

«Martin!»

Er lachte und nahm mich in seine Arme.

«Charlotte», rief er, «meine gute Mutti!» Ich mochte die Formulierung gar nicht, doch das war mir in diesem Moment völlig gleichgültig. «Endlich, endlich bin ich wieder zu Hause in St. Martin. Ich habe so darauf gewartet, mich so darauf gefreut!»

«Aber wie kann das angehen, Martin? Erst heute morgen habe ich eine Postkarte von dir bekommen.»

Jetzt erst sah ich Mareike, die lächelnd hinter ihm stand. Ich umarmte auch sie und küßte sie alle beide. Das Herz schlug mir hoch oben im Hals, so glücklich war ich. Es war das Großfamiliensyndrom. Hinter mir räusperte sich jemand. Ach ja, da war doch noch ...

«Gestatten Sie?» sagte Holger und versuchte, sich an uns vorbeizudrängeln. «Tut mir leid, daß ich störe.»

«Es ist Martin, mein Sohn, mit seiner Freundin Mareike», rief ich, außer mir vor Glück, «er ist endlich aus Hamburg zurückgekommen! Gehen Sie zu Guy in die Küche, und sagen Sie ihm, Sie brauchen Kaffee und etwas zu essen. Er wird Sie versorgen.»

«Warum habt ihr denn gar nichts gesagt, mich nicht wenigstens angerufen? Ich wußte doch gar nicht, daß ihr schon unterwegs seid ...»

«Es sollte eine Überraschung sein, Charlotte, und außerdem hatte ich es so eilig, ich hatte gar keine Zeit mehr, auch noch zu telefonieren. Als wir erfuhren, daß wir unser Abi bestanden haben, haben wir uns sofort ins Auto gesetzt und sind losgefahren. Wir haben uns beim Fahren abgewechselt und nur zum Tanken angehalten. Und da sind wir jetzt.»

«Ja, wir haben uns nicht einmal mehr von meinen Eltern verabschiedet. Wir haben dann einfach von unterwegs angerufen», sagte Mareike, es klang ein wenig vorwurfsvoll.

«Kommt», sagte ich und ging mit ihnen hinaus, «ihr werdet auch Hunger haben.»

Und dann rief ich in Richtung Ziegenstall:

«Philipp! Philipp, komm schnell!»

Als Philipp heraustrat ins Sonnenlicht, war bereits Guy neben uns, und er legte gerade den Arm um mich. Ich sah, wie Philipp die Augen zusammenkniff.

«Martin!» rief auch Philipp und stürmte über den Hof auf unseren Sohn zu, nahm ihn in die Arme und tanzte ausgelassen mit ihm im Sonnenschein herum. Im Vorbeiwirbeln nahm er auch Mareike mit, die sich nicht wehren konnte.

Mittags saßen wir mit den Gästen, darunter Klaus und Holger, an unserem großen Tisch unter den Maulbeerbäumen und ließen es uns gutgehen. Sabine hielt sich ihren Bauch, sie wirkte verspannt.

«Geht es dir nicht gut?»

«Doch, doch, es ist alles in Ordnung. Ich habe nur den Eindruck, es dauert nicht mehr lange.»

Ich kann kaum beschreiben, wie ich mich fühlte. Endlich waren wir wieder alle beisammen. Es war schade, daß Claude nicht mehr bei uns war, ich vermißte ihn sehr, sein freundliches Gesicht, seine ruhige Gegenwart.

«Morgen werden wir ein kleines Wiedersehensfest feiern. Ich habe den Eindruck, wir haben alle etwas zu feiern», sagte ich mit einem Seitenblick zu Holger und Klaus. Sie lächelten mich freundlich an, und wie mir schien, auch glücklich. «Wie wäre es denn, wenn Sie die Dekoration des Festbanketts übernehmen würden?» schlug ich ihnen vor.

Ich hoffte, sie mit dieser Aufgabe soweit zu beschäftigen, daß sie in Ruhe wieder zueinander finden konnten.

«Ja, das ist eine hervorragende Idee», sagte Holger.

«Allerdings möchte ich Sie bitten, sich vielleicht ein wenig um Tom zu kümmern. Er ist Food-Stylist, Sie könnten sich hervorragend ergänzen. Aber», fügte ich mit ernstem Gesicht hinzu, «bitte keine Handydramen mehr. Vielleicht schaffen Sie es, einfach nur freundlich zueinander zu sein …»

Lachend versprachen sie es mir.

Tom war traurig, das war unschwer zu erkennen. Er nahm nicht an den Mahlzeiten teil, blieb in seiner Wohnung, ging kaum hinaus.

«Ich lese so gern», sagte er entschuldigend, «und sonst habe ich doch nie die Zeit dafür.»

Er hatte mir gesagt, er wäre hier, um die Trennung von seiner Freundin Johanna zu verarbeiten, doch das würde offenbar nicht so schnell gehen. Er verbrachte seine Tage allein, machte kleine Ausflüge, saß still bei den Mahlzeiten am Tisch und verschwand abends schnell in seiner Wohnung, aus der ich dann klassische Musik hörte. Er konnte offenbar nicht anders, er erzählte mir immer wieder von seiner Exfreundin, und ich ließ ihn gewähren, denn ich spürte, daß er die Erinnerung loswerden mußte. Sie sah phantastisch aus, hatte einen so edlen Gang, daß sich alle Männer nach ihr umdrehten, sie war gesellig, fröhlich, beliebt. Er vermißte sie in allem und konnte sich nur schwer an das Alleinleben gewöhnen.

Und tatsächlich, ich hatte recht gehabt, denn Tom lockerte sich im Laufe der Dekorationsvorbereitungen merklich. Er verstand sich prächtig mit Holger und Klaus. Sie machten gemeinsame Ausflüge, saßen beim Essen beieinander, hörten gemeinsam Musik und fuhren gezielt herum, um Holgers zerstörte Aperitif-Sammlung wieder aufzubauen.

«Sie scheinen sich ja prächtig zu verstehen», sagte ich eines Abends zu Klaus.

«Ach, stellen Sie sich vor», flüsterte er, so daß niemand anderes ihn verstehen konnte, «ich kannte seine Freundin, früher in Frankfurt.» Er lachte mich fröhlich an, und in seinem Blick erkannte ich etwas Verschwörerisches. Als er weitersprach, mußte er ein Lachen unterdrücken. «Sie hieß eigentlich Johannes, kam aus Köln und war ein Mann wie wir. Tom ist nämlich einer von uns, er mag es nur nicht zeigen.»

«Ich habe ihm die Telefonnummer von diesem schönen jungen Mann gegeben, Sie wissen schon ...», vertraute mir Holger an, «aber er ist noch nicht über den Berg mit Johanna. Wir passen jedoch auf ihn auf, keine Angst.»

Es machte mich ganz stolz, daß St. Martin auch auf andere Menschen einen derart wohltuenden Einfluß haben konnte, nicht nur auf die Bewohner.

Und dann feierten wir. Guy und seine Mannschaft kochten göttlich-südlich für uns und die Gäste der *ferme-auberge*, und dann ließ er seine Helfer allein und setzte sich zu uns, in der weißen Kochjacke, mit seiner Mütze. Er kam mir vor wie das i-Tüpfelchen auf diesem Urlaubsbild. Es wurde dunkel, die Zikaden waren um uns herum und sangen heiser, Fledermäuse flogen geräuschlos durch die Nacht, ein Käuzchen rief, und die Insekten leuchteten auf, wenn sie durch den Lichtschein der Lampions flogen.

«Wir hätten doch mehr als ein Kind haben sollen», flüsterte ich vor dem Einschlafen in Philipps Ohr.

«Was?» murmelte er schlaftrunken.

«Ein Kind reichte vermutlich nicht für uns», flüsterte ich.

«An mir lag es damals nicht», sagte er cool.

Ich fand seine Antwort männlich-machistisch. Zu seinem Glück redete er nicht noch von seinen reichlichen Spermien. Nein, es lag daran, daß meine Schwangerschaft mit Martin so entsetzlich schwierig gewesen war. Ständig hatte ich vorzeitige Wehen, und ich mußte das Bett hüten. Mir war immer nur schlecht, und ich fühlte mich grausam. Und zum Schluß dauerte die Geburt auch noch achtzehn Stunden. Und deshalb reichte es mir für sehr lange Zeit.

«Warum adoptieren wir nicht noch ein Kind?»

Ich hatte in der Schule einige Frauen mit adoptierten Kindern gesehen, aus allen Ländern der Welt, und ich bewunderte sie.

Philipp setzte sich auf, machte das Licht an und schaute mich fragend an. Er war sehr wach. Wie konnte er auch etwas ahnen von meinem Wunsch nach einer Großfamilie?

«Wir können in Ruhe über alles sprechen», sagte er bestimmt, «und natürlich auch darüber. Ich muß allerdings gestehen, daß ich mir derartige Gedanken noch niemals gemacht habe. Nur so, Charlotte, direkt vor dem Einschlafen, wenn man müde ist und seinen Schlaf braucht, muß ich derartige Themen leider ablehnen.»

«Gut, wir reden ein anderes Mal darüber, ja?»

«Ja, aber am liebsten erst, wenn Sabines Kind zur Welt gekommen ist. Dann wollen wir sehen, wie es in St. Martin mit einem Neugeborenen ist. Schließlich haben hier alle viel zu tun, und ich kann mir im Moment nicht recht vorstellen, wie es ist, wenn noch eine Belastung hinzukommt.»

Aha, seine Meinung war also klar, ich hatte sie zwischen den Zeilen mitlesen können: alles, bloß keine Änderung, das belastet nur.

Er sollte mich kennenlernen.

Aber das sagte ich nicht, sondern kuschelte mich an ihn.

«Machst du das Licht wieder aus, ja?»

Und dann nahm er mich in seine Arme.

Ich hatte Philipp, und Martin war wieder da.

GEGRILLTER LOUP DE MER MIT WILDEM FENCHEL

• Loup de Mer • 2–3 Zweige wilder Fenchel, (ersatzweise Gartenfenchel mit Grün) • 1 Blatt frischer Lorbeer, (ersatzweise getrockneter) • Olivenöl • Salz und Pfeffer

Für jeweils zwei Personen nehme ich einen Fisch von ca. 800 g. Ich salze und pfeffere ihn von innen, dann lege ich 2–3 kleine Zweige Fenchel und ein Blatt frischen Lorbeer in die Bauchhöhle. Von beiden Seiten bepinsele ich jetzt die Haut mit Olivenöl, dann lege ich die Fische in eine ausreichend lange feuerfeste Form, die ich unter den Grill des Backofens stelle.

Beide Seiten des Fischs grille ich etwa 5 Minuten, auf jeden Fall, bis sich die Haut wölbt und dunkelbraun ist.
Die Fische werden heiß serviert, mit einer Vinaigrette aus Olivenöl und dem Saft grüner Zitronen.
Dazu trinken wir einen weißen Pic Saint Loup von der Domaine de l'Hortus.

K*affee oder Tee?*

«Es geht los!»

Es war Gerhards Stimme. Ich war sofort hellwach und sprang aus dem Bett. Sabine hatte Wehen. Es war mitten in der Nacht, der Himmel war schwarzblau, die Sterne funkelten und blinkten, der Mond war eine hell leuchtende, liegende Sichel. Gerhard war so aufgeregt, daß seine Hände zitterten.

«Was ist los?» fragte Anna schlaftrunken. Sie stand in der Tür, ihre Bettdecke über der Schulter.

«Euer Baby kommt», sagte ich schlicht und dann: «Bring sie mit ihrem Bettzeug hinüber zu Philipp, er soll sie auf unser Sofa legen. Und dann beruhige dich, ihr habt noch eine ganze Strecke zu fahren.»

Geburten auf dem Land können aufregend sein, und Sabine hatte sich eine Klinik ausgesucht, die auf sanfte Geburten spezialisiert ist. Zum Glück waren die Abstände zwischen den Wehen noch lang.

«Ist es soweit?» fragte Martin, der plötzlich neben mir stand, in Bermudas, mit nacktem Oberkörper. Ich nickte.

«Alles, alles Gute», sagte er, «euch beiden, und natürlich auch eurem Baby», und er küßte erst Sabine, dann Gerhard.

Und dann standen wir beide in der warmen, dunklen Nacht und lauschten dem sich entfernenden Motorengeräusch.

«Ich glaube, ich kann nicht mehr schlafen», sagte Martin. «Ich bin viel zu aufgeregt. Trinkst du einen Tee mit mir, und wir reden ein wenig?»

Wie hätte ich ablehnen können, auch wenn ich eigentlich todmüde war? Wir setzten uns an den großen Tisch, der lang und leer und wartend aussah, ein wenig verwaist fast, und wir sprachen leise miteinander, um niemanden zu stören.

«Kaffee oder Tee?»

«Tee», sagte er. «Ich habe euch noch nicht gesagt, daß ich in Montpellier Weinbau studieren möchte, oder?»

«Nein, ist das sicher?»

«Ja. Leider kann ich darüber mit Mareike nicht sprechen, denn sie hofft immer noch, daß wir beide gemeinsam in Hamburg Biologie studieren. Weißt du, Inge und Klaus-Michael haben ihre Kate hinterm Elbdeich verkauft und in der Haseldorfer Marsch einen alten Bauernhof gekauft. Mareike möchte, daß wir dort unseren alten Traum vom ökologischen Schwerpunktzentrum verwirklichen und gleichzeitig irgendwann den Hof auch wieder bewirtschaften.»

«Das ist doch aber als Projekt verlockend, oder nicht?»

«Schon, ja, aber ich habe in diesem einen Jahr gemerkt, daß ich hier unten leben muß, wirklich. Und außerdem weiß ich im Moment nicht, was ich von der Extremökologie halten soll, Charlotte. Seit ich das Leben hier gesehen habe, kommt mir das manchmal so übertrieben vor.»

«Also, Martin, nun hör mal», empörte ich mich, «du weißt doch genau, daß es höchst bedenklich ist, wie man hier mit der Umwelt umgeht. Das brauche ich doch dir nicht zu sagen. Hier im Süden ist nur soviel ungenutzter Platz, da ist die Garrigue mit ihren Kräutern und Pilzen, hier ist so ungeheuer viel gesunde Natur, daß alle denken, es hätte sich nichts geändert.»

«Ja, ich weiß. Aber ich kann nun mal nicht anders, ich finde, ich gehöre hierher, nach St. Martin, in den Midi. Und hier, das weißt du wie ich, stört die extreme Ökologie nur. Da bist du sofort ein seltsamer Außenseiter.»

«Gut», versuchte ich einzulenken, «du willst also hier Weinbau studieren, magst es Mareike aber nicht sagen. Wie aber soll das weitergehen?»

«Ich werde es ihr sagen müssen.» Er wirkte traurig.

Plötzlich konnte ich ihn verstehen. Er wollte sie nicht verletzen, wollte sie auch nicht verlieren, aber er sah beides vor sich, wenn er ehrlich war. Ich hätte auch nicht in seiner Haut stecken mögen.

«Du kannst nicht mehr allzu lange warten. Gut, im Moment ist es für euch noch wie Urlaub nach dem Streß, aber irgendwann kommt der Moment der Wahrheit.»

«Ja, ich weiß ...»

Es klang so kläglich, er tat mir leid. Mareike jedoch auch.

Ich machte uns noch einen Tee, und plötzlich begannen die Vögel aus voller Kehle zu singen, dann ging hinter der Colline du Matin die Sonne auf. Dann hörte ich, daß Philipp aufstand. Ich holte ihm einen Becher, damit er sich zu uns setzen konnte, und als ich wieder aus dem Haus kam, hörte ich ein Auto näher kommen. Waren das bereits Sabine und Gerhard? Nein, unmöglich, das war zu schnell, selbst für eine Blitzgeburt.

«Guten Morgen.»

Es waren unsere Gäste Pamela und Jürgen, er Architekt, sie Anwältin. Sie sahen übernächtigt aus, unfrisiert, mit roten Augen.

«Kaffee oder Tee?»

«Gern Kaffee, danke.»

Martin stand auf, um die Maschine anzustellen.

«Na, tut es gut, sich mal wieder so richtig auszutanzen?»

«Ja, so könnte man es nennen», lachte er. «Und wirklich, es tut gut.»

Pamela verzog das Gesicht, doch ein Lächeln wollte ihr nicht gelingen. Ich spürte sofort, daß sie eine Differenz hatten. Hatten sie gestritten?

«Darf ich auch einen Tee haben?» fragte Pamela. «Ich glaube, ich kann sowieso noch nicht schlafen.»

Ich stand auf, um ihr eine Tasse zu holen. In diesem Moment kam Philipp an den Tisch, küßte mich und setzte sich. Als ich hineinging, folgte mir Pamela. Im Hinausgehen sah ich, wie Philipp und Jürgen zum Ziegenstall hinübergingen, in ein Gespräch vertieft.

«Kann ich etwas für Sie tun?» fragte ich.

Ich spürte das Problem, das auf Anhörung lauerte.

«Ach, ich weiß nicht ...», sagte sie unschlüssig.

«Sie möchten mir etwas sagen, nicht?»

«Ja ... das heißt ... ich muß mal mit jemandem darüber sprechen, sonst platze ich, glaube ich.» Sie schien noch zu überlegen, doch dann gab sie sich einen Ruck: «Was würden Sie machen, wenn Sie und Ihr Mann völlig unterschiedliche Interessen hätten?»

«Ich glaube, dann wären wir nicht verheiratet.»

«Und wenn es sich erst im Laufe Ihrer Ehe herausgestellt hätte?»

«Ja, das wäre natürlich schon schwieriger, das gebe ich zu. Obwohl – die Ehe ist kein statischer Zustand, sondern einer, der stets in Bewegung ist. Ich finde, die Hauptsache in einer Partnerschaft ist, daß man sich gemeinsam bewegt, möglichst im Gleichklang.»

Ich ertappte mich dabei, wie ich einen Vortrag hielt, um das Unabwendbare hinauszuzögern. Es gefiel mir immer weniger, stets in die Probleme anderer Menschen hineingezogen zu werden.

«Sie verstehen sich also nicht?» gab ich dennoch das Zeichen.

«Doch, ja, leider ...»

Sie zögerte. Fragend zog ich die Augenbrauen hoch.

«Aber irgendwie denke ich manchmal, da gibt es doch auch noch etwas anderes. Verstehen Sie, was ich meine?»

Nein, ich verstand sie nicht.

«Wir haben keine Probleme miteinander. Beide haben wir Berufe, die uns Spaß machen, in denen wir sogar erfolgreich sind. Wir haben zwei Kinder, keine finanziellen Probleme, und sogar unsere Eltern verstehen sich gut. Alles läuft reibungslos ...»

«Vielleicht zu reibungslos?» fragte ich.

«Ja, das könnte sein. Es fehlt irgendwie das Aufregende, es gibt kein Herzklopfen mehr, keine Überraschungen.»

«Hat es das denn früher gegeben?»

Sie überlegte lange. «Nein, eigentlich nicht wirklich. Es war immer alles geklärt, alles war geplant und ordentlich. Ich muß Ihnen gestehen, ich könnte auch alles hinwerfen und mich ins

Ausland verziehen, irgendwo in die Berge oder so, wo ich das Wasser vom Brunnen holen müßte, wo wir nicht einmal elektrisches Licht hätten.»

Ich sagte nichts, schaute sie nur von der Seite an. Sie trug einen weiten, grauen Anzug, dazu ein jeansblaues T-Shirt, alles aus feinem, träge fließendem Leinen, geflochtene Schuhe einer französischen Schuhherstellerin. Ich konnte mir sie schlecht auf einem Aussteigerhof vorstellen, wo man lebte wie im Mittelalter.

«... aber Jürgen merkt nichts. Er will immer weitermachen, immer mehr Geld verdienen, große Autos fahren, ein noch größeres Haus kaufen ...»

Was sollte ich ihr sagen? Daß das Leben nicht nur aus Geldverdienen bestand? In diesem Moment standen Philipp und Jürgen in der Tür.

«Na, ist der Kaffee bereits durchgelaufen?» fragte Philipp. «Ich mache eben für Jürgen einen Espresso, ja?»

Unser Gespräch war an diesem Punkt abgebrochen, und ich war froh darüber. Ich bin nicht besonders gut in Lebensberatung, das gebe ich gern zu. Die Probleme anderer Menschen machen mich hilflos.

Am Abend jedoch, Philipp und ich lagen gerade im Bett, war ich noch froher, daß dieses Gespräch unterbrochen worden war. «Jürgen hat nur geklagt», sagte Philipp, «es war schrecklich. Der arme Kerl sagt, seine Frau wäre immer so unzufrieden, er wüßte überhaupt nicht, was er noch tun sollte. Sie haben den Urlaub hier bei uns gebucht, nur um endlich einmal wieder zueinander zu finden. Sie wollte eigentlich an die Côte d'Azur.»

«Vielleicht wäre es Ihnen dort besser gegangen?»

«Ich weiß nicht recht», sagte Philipp zögernd, «es gab vermutlich einen Grund, weshalb Pamela hierher wollte, doch das hat Jürgen erst hier herausgefunden. Sie schleppt ihn in diese Partnertauschlokale an der Küste.»

«Oh, nein ...»

«Doch, ja, leider ...»

Ich fiel aus allen Wolken. «Und ich habe es völlig anders interpretiert, als sie mir sagte, ihr Leben wäre so langweilig geworden.»

Doch das war später am Abend. Jetzt saßen wir noch am frühen Morgen draußen, im ersten Sonnenschein, und ich sagte zu Pamela und Jürgen:

«Setzen Sie sich doch zu uns, wir frühstücken gleich.»

Sie wollten jedoch ins Bett und gingen langsam hinüber in ihr Haus, Arm in Arm ...

«Martin, warum stehst du eigentlich auf, ohne mir etwas zu sagen?»

Ich hatte Mareike nicht kommen hören. Sie schaute Martin böse an, sie wirkte beleidigt, gekränkt, und ich spürte, wie sich etwas in mir verkrampfte. Nicht schon wieder Probleme, bitte nicht.

«Ach, setz dich doch einfach zu uns, Mareike. Ich wollte dich schlafen lassen, das war alles», sagte Martin gut gelaunt, ohne auf ihre Stimmung zu achten. Sie schnaubte wütend.

«Kaffee oder Tee?»

«Sabine bekommt unser Baby, sie müssen jetzt schon in der Klinik sein», sagte ich, um auf ein versöhnliches Thema hinzulenken. Wir nannten es häufig «unser Baby», weil es doch in St. Martin aufwachsen würde, und, zugegeben, weil ich es wichtig fand, daß die genealogische Kette nicht abriß. Mareike gegenüber hätte ich jedoch eine andere Formulierung wählen sollen, nach allem, was im letzten Jahr passiert war. Ich sah, wie sich ihr Gesicht verzerrte. Die Eifersucht nagte immer so schrecklich an ihr, und offenbar war ihr Verhältnis nicht so eng, nicht so sicher, wie es schien.

«Gerhard, der junge Vater», beeilte ich mich schnell zu sagen, «war so aufgeregt, daß wir nicht sicher waren, ob sie auch heil ankommen würden.»

Langsam glätteten sich Mareikes Züge wieder. Mir war in diesem Moment klargeworden, daß Martin und sie nicht gerade für eine friedliche, harmonische Stimmung in St. Martin sorgten. Ich wünschte mir, sie würden ihr Problem endlich bereinigen.

«Kaffee oder Tee?» fragte Martin und stand auf. «Kommst du mit, Mareike, das Frühstück holen?»

In ihrer Haltung spürte ich einen seltsamen Widerwillen, als sie Martin folgte.

«So, ich muß gleich zu den Ziegen. Ich glaube, sie haben mich gehört und warten schon.»

Philipp hatte beide Ellenbogen aufgestützt und trank aus seinem Kaffeebecher. Ich schaute ihn an. Plötzlich spürte ich eine Distanz zwischen Philipp und mir, die früher niemals dagewesen war. Was war los mit uns? Arbeiteten wir zuviel? Waren wir von zu vielen fremden Menschen umgeben? Es gab mir einen Stich, mich mit einem Mal so einsam zu fühlen wie noch niemals zuvor. Und ich merkte, daß es ihm ähnlich ging.

«Wo hast du die Sojawurst hingetan, Martin? Ich hasse Marmelade», sagte Mareike mit einem spitzen Unterton, der mir gar nicht gefiel, als sie mit zwei Tabletts an den Tisch traten.

«In der Küche», antwortete ihr Martin freundlich, doch ohne aufzustehen, «und dort ist auch der Käse. Würdest du mir ein Stück Emmentaler mitbringen, wenn du gehst?»

«Ach laß nur, es wird schon auch ohne Wurst gehen», maulte Mareike.

Wie hatte Martin eigentlich dieses Jahr durchgehalten, fragte ich mich plötzlich. Doch bevor ich diesen unangenehmen Gedanken vertiefen konnte, kamen Klaus und Holger und Tom aus ihren Wohnungen und näherten sich uns.

«Das letzte gemeinsame Frühstück! Jeder schöne Urlaub geht leider einmal zu Ende», sagte Tom, «es wird wieder ernst. Können wir schon frühstücken?»

«Bitte.» Martin wies auf die leeren Plätze und fragte: «Kaffee oder Tee?»

Wie häufig hatte ich diese Frage heute morgen eigentlich schon gehört?

«Tee für uns alle», sagte Holger, «aber bemüh dich bitte nicht. Ich mach das schon selbst, wirklich.»

«Was machen wir heute?» fragte Mareike, und bevor Martin antworten konnte, sagte Klaus: «Wir reisen einfach ab.»

Holger und Tom lachten fröhlich, und Mareike verzog das Gesicht.

«Hallo, guten Morgen», sagte Guy fröhlich, und ein breites Lächeln überzog sein ganzes Gesicht, als er an unseren Tisch trat.

«Kaffee oder Tee?» fragte ich.

«Laß nur, ich mache es selbst. Was ist los, Charlotte, bist du müde?»

Ich nickte. «Ja, müde, denke ich, wirklich müde.»

Schaute Philipp ihn mißmutig an, oder bildete ich mir das

nur ein? Das Telefon klingelte, ich stand auf und ging ins Haus.

«Ich bin's, es ist ein Junge.» Gerhard war aufgeregt und stolz, sein junges Vaterglück klang deutlich aus dem Hörer. «Er wiegt dreitausendsiebenhundertvierzig Gramm, ist siebenundfünfzig Zentimeter lang, und er kann ziemlich laut schreien.»

«Ach, wie schön, Gerhard. Herzlichen Glückwunsch!»

«Es ist ein Junge!» rief ich zur offenen Tür hinaus.

«Und geht es Sabine gut?»

«Ja, sie ist ein bißchen müde, aber es ist alles in Ordnung.»

«Und wie heißt der Kleine?»

«Victor, mit einem V und einem C.»

«Victor, das klingt gut. Herzlichen Glückwunsch, und gib der jungen Mutter ein Küßchen von mir.»

Als ich auflegte, sagte Anna vom Sofa:

«Ist es unser Baby? Heißt es Victor?»

Erstaunt schaute ich zu ihr hinüber. Ich hatte sie ganz vergessen.

«Ja, meine kleine Anna, es ist ein Junge, und er heißt Victor, und wir freuen uns alle ganz doll.»

«Ich auch», sagte sie und stand auf. «Ich glaube, ich werde jetzt mal meine Spielsachen durchsortieren. Es gibt da Sachen, die gehen kaputt, wenn er damit spielt.»

«Komm erst mal mit nach draußen, wir frühstücken gerade.»

Was für eine Nacht, was für ein Morgen, als Victor geboren wurde!

Die Sonne stand strahlend und groß am blauen Himmel, es war bereits sehr heiß. St. Martin hatte seinen Victor, ich war todmüde. Martin hatte beschlossen, im Midi zu bleiben.

«Auf Wiedersehen im nächsten Jahr», sagte Holger. Er umarmte mich, und Klaus und Tom taten es ihm nach. Sie hatten bereits für das nächste Jahr reserviert.

«Und – nichts für ungut», sagte Klaus, «nächstes Jahr werden wir uns gar nicht erst irgendwelchem Streß aussetzen und uns gleich ausruhen. Man wird ja auch nicht jünger.»

Sie lachten alle drei.

Ja, ein Sommer ohne Problem, ich wünschte ihn mir sehr, stellte ich fest.

«Was machen wir denn nun heute?» fragte Mareike noch einmal.

Martin verzog das Gesicht und sagte: «Aber wir sind doch gerade erst angekommen. Ich habe das Grab von Claude noch nicht besucht.»

«Also, dann besuchen wir das Grab von Claude, oder? Können wir dann auch noch woanders hinfahren? Vielleicht gibt es irgendwo eine Badestelle? Ich hätte Lust auf Wasser.»

«Warum fahrt ihr nicht an den Hérault?» schlug ich vor. «Ihr könnt erst ein wenig baden, dann eßt ihr dort irgendwo, und zum Schluß mietet ihr euch einen Kajak und fahrt gemütlich bis hinunter zum Pont du Diable, und von dort geht's mit dem Auto wieder zurück.»

«O ja, das ist eine gute Idee.» Mareike strahlte.

Martin jedoch sagte leise:

«Ich bin nicht gerade ein Kajak-Freund. Aber – meinetwegen.»

Ich war froh, daß Mareike seine Bemerkung nicht gehört hatte, denn sie war bereits losgelaufen, um ihre Badesachen zu holen.

GEFUELLTE TOMATEN MIT ZIEGENKAESE

• 8 sonnengereifte Gartentomaten • 10 EL Mittelmeerkräuter (Bohnenkraut, Oregano, Rosmarin und Minze) • 1 TL schwarzer Pfeffer, grob zerstoßen • 1 Knoblauchzehe, fein gehackt • 2 Ziegenkäse sec, grob gerieben • 8 Scheiben Ziegenkäse frais • Bohnenkraut • Olivenöl • Salz

Ich schneide von den Tomaten den Deckel ab, leere sie mit einem Teelöffel, salze sie, daß sie gründlich entwässert werden, dann trockne ich sie gründlich. Die Kräuter hacke ich grob, mische sie mit dem Knoblauch, dem Pfeffer und dem geriebenen mittelalten Ziegenkäse, der bereits eindeutigen Geschmack haben darf.
Die Tomaten fülle ich dann, gebe auf jede Füllung einen Tropfen Olivenöl und stelle sie aufrecht in eine feuerfeste Steingutform und lasse sie 20 Min. bei 180 ° garen. Danach lege ich auf jede Tomate einen Deckel aus frischem Ziegenkäse, garniere mit einigen Blättern Bohnenkraut, gebe darauf wieder einen Tropfen Olivenöl und stelle die Tomaten noch einmal in den Ofen, bis der Käsedeckel leicht angebräunt ist.
Diese gefüllten Tomaten essen wir mit einem frischen, noch warmen Hefebaguette.
Dazu trinken wir gern einen sehr milden, fruchtigen roten Faugères vom Château des Estanilles, nördlich von Béziers.

Wiedertreffen und Abreise

Die Ziegen waren träge, und Olli, unser schwarzer Hunderiese, bewegte sich nur noch wenig. Er legte sich von der Sonne in den Schatten, vom Schatten in die Sonne, und er schlief. Nur Anna schien die Hitze nichts auszumachen. Sie spielte mit den anderen Kindern, glücklich, daß sie nicht allein war. In den Nächten kühlte es ab, es blieb jedoch warm genug, daß man draußen sitzen und sich vom Tag erholen konnte. Wir genossen die Dunkelheit.

Harald und Sibylle trafen nachmittags ein, entnervt und müde von der langen Fahrt und der ungewohnten Hitze. Als Niko und Christine am späten Abend ankamen, schliefen Harald und Sibylle bereits. Auch am nächsten Morgen gab es kein Zusammentreffen, denn die beiden ersten waren früh auf, gut ausgeschlafen und unternehmungslustig, während sich die in der Nacht Angekommenen erst einmal in Ruhe ausschliefen. Selbst das Mittagessen nahmen sie noch nicht gemeinsam ein. Beim Abendessen gab es dann ein erstauntes Wiedersehen:

«Christine!»

«Harald, nein, so was!»

Auffällig fand ich, daß sie sich nicht in die Arme fielen, sich nicht wie alte Freunde küßten oder anfaßten, wenigstens an den Armen, an den Händen, sie reichten einander nicht einmal die Hand. Nein, nach kurzem Erstaunen, das für mich eher einem Erschrecken glich, stellten sie sich steif ihren jetzigen Partnern vor:

«Christine, meine Exfrau.»

«Harald, mein Exmann.»

Das Echo war verhalten, man grüßte höflich, aber reserviert und wußte nicht, was man tun sollte. Keiner schien es zu wissen.

Christine und Harald hatten sich seit über zehn Jahren nicht gesehen, hatten kaum etwas voneinander gehört, und jetzt standen sie einander in St. Martin gegenüber. Ich konnte deutlich spüren, daß sie alle am liebsten gleich wieder abgereist wären, aber gebucht war gebucht. Es gab kein Entrinnen.

«Mensch, dich hätte ich nun am allerwenigsten erwartet», sagte Harald, bemüht fröhlich.

Mir wurde ein wenig bang, ich hatte in der letzten Zeit genügend Probleme miterleben müssen, und das Verhältnis von Mareike und Martin war auch immer noch nicht geklärt.

Es war eindeutig die Flucht nach vorn, als ich Christines jetzigen Mann Niko sagen hörte:

«Ach, setzen wir uns doch auf einen Schluck zusammen.»

Auch diese Aussage machte mich nicht fröhlicher, denn das Trinkvermögen mancher mittelgermanischer Menschen war mir unheimlich.

«Es ist unser erster Tag, und da haben wir noch nichts vor. Wir müssen erst die lange Fahrt verarbeiten.»

«Ach, es ist auch euer erster Tag. Na, wenn das kein Zufall ist.»

Ich verzog mich zu Guy in die Küche. Dort war ich sicher, dort war ich so beschäftigt, daß ich manches gar nicht mitbekam, und das war manchmal gar nicht schlecht. Ich hatte meinen nächsten Kochkurs vorzubereiten, Guy und ich wechselten uns seit Jahresbeginn damit ab. Ich hatte zwar mittlerweile eine gewisse Routine, aber ich mußte doch die passende Rezeptur heraussuchen und dafür sorgen, daß das benötigte Material auch greifbar war.

Als ich einige Stunden später hinausschaute, saßen die beiden Ehepaare, die sich an diesem Morgen erst getroffen hatten, auf einer Decke unter den Pinien und lachten und scherzten. Sie hatten eine Flasche Wein getrunken, oder waren es bereits zwei? Sie hatten sich Ziegenkäse und Brot geholt, und sie schienen sich gut zu verstehen. Meine Bedenken waren völlig unbegründet. Warum mußte ich auch immer gleich schwarzsehen?

Ich stand in der Tür, um ein wenig Luft zu schnappen, denn in der Küche war es noch weit heißer als draußen. Ich liebe die Hitze, doch ein wenig Abkühlung ist ebenfalls recht. In Gedanken war ich bei dem Pool, den wir zum nächsten Jahr bauen wollten, und ich freute mich bereits darauf, zwischendurch in das erfrischende Wasser zu springen, wenn mir danach war.

«Nein, das sehe ich nicht ein», hörte ich plötzlich Mareike.

«Aber man muß sich entscheiden, Mareike. Ich werde nicht wieder in Deutschland leben, das ist ganz sicher, und wenn wir zusammenbleiben wollen, dann solltest auch du dich entscheiden, hier bei mir zu sein.»

«Aber wir haben extra die Kate verkauft und diesen Hof angeschafft. Inge und Klaus-Michael werden verrückt, wenn ich jetzt weggehe.»

«Dann mußt du eben zurückgehen.»

«Ich gehe nicht ohne dich.»

«Und ich bleibe hier. Also ...»

«Was also? Wir hatten eine Idee, und das war die Idee von

einem ökologischen Musterhof, alles ist natürlich, alles Bio, auf dem man Schulklassen empfangen kann, Familien, alle Menschen halt, die sich für die saubere Landwirtschaft interessieren.»

«Ja, und das will ich hier machen, Mareike. Aber nicht als Bauer, denn ich bin kein Bauer, und wenn ich das Schwein schlachten und essen müßte, das ich aufgezogen habe, dann würde mir schlecht werden.»

«Aber alle Menschen müssen essen, Martin.»

«Nicht das eigene Schwein. Ich will Wein machen, Mareike, nur das interessiert mich.»

«Wein ist niemals ökologisch einwandfrei.»

«Woher willst du denn das wissen?»

Ich verzog mich schnell wieder in die Küche, ich machte sogar die Tür hinter mir zu, trotz der Hitze. Nicht schon wieder Probleme, nicht für mich bitte. Sollten sie doch zusehen, wie sie das allein lösten, ich wollte doch nicht die Kummermutter werden.

«Du siehst so bedrückt aus», sagte Guy und schaute mich prüfend an.

«Ich werde seit einiger Zeit auch von allen Seiten bedrückt, wohin ich mich auch wende», sagte ich.

«Ach, mach dich doch frei davon, das Leben ist schön, Charlotte.»

«Ja, vielleicht, aber auch sehr, sehr anstrengend. Wenn dein Leben so schön ist, dann erzähl mir doch einfach mal etwas Positives, ja?»

«Aber gern. Also, die meisten Ziegenkäse mit einem starken Parfum ißt man am besten mit einem Sancerre.»

«Ja, du hast recht, das ist wirklich eine gute Nachricht.»

Er lachte, während er Töpfe und Pfannen herumschob.

«Möchtest du mit Philipp mal wieder wegfahren?»

«Ach, ich würde ja gern, ich weiß nur nicht, wie dann alles weiterlaufen soll. Übermorgen habe ich meinen Kochkurs, Gerhard ist bereits mehr als eingespannt, er fährt jeden Abend zu Sabine in die Klinik. Martin ist zwar da, aber trotzdem ... nein, ich denke, es ist einfach nicht der Zeitpunkt ...»

Ich dachte an die Auseinandersetzung, die ich gerade ungewollt hatte mit anhören müssen. Martin und Mareike mußten erst einmal ihre Vorstellungen vom Leben miteinander abklären.

Am Abend stand plötzlich Aurore, die Tochter von unseren Nachbarn, vor mir:

«Ich habe mein Bac, mein Abitur!» jubelte sie und fiel mir um den Hals.

«Herzlichen Glückwunsch, Aurore.»

Bevor ich überlegen konnte, ob sie meinetwegen gekommen war, sagte sie:

«Ich habe gehört, daß Martin auch wieder da ist? Mit bestandenem Abitur, oder?»

Sie war unruhig, nervös, schaute hinter sich, und tatsächlich, da waren Martin und Mareike.

«Martin!» rief sie, er und Mareike schauten herüber. Mareikes Miene verdüsterte sich.

«Dürfen wir dich zum Essen einladen, Aurore?» fragte Guy freundlich.

«Ja, sehr gern, vielen Dank. Ich muß dann nachher nur schnell zu Hause anrufen.»

Sie ging zu Martin und Mareike, küßte erst sie, dann ihn, und ich konnte die feindselige Atmosphäre fast spüren. Mir wurde ganz anders, und ich sah zu, daß ich mich in der Küche beschäftigte. Ich wollte möglichst wenig wissen …

«Nervös?» fragte Guy mit einem breiten Grinsen. «Du darfst nicht vergessen, wie das Leben war, als man gerade zwanzig Jahre alt war und alles erst einmal kennenlernen mußte. Manche Dinge akzeptierte man einfach nicht so ohne weiteres. Auch sie müssen jetzt ihre Erfahrungen machen, und sie müssen auch ausprobieren, wie weit sie gehen können, was ihnen gehört und was nicht …»

«Du spielst Schicksal, nicht?»

«Nein, nein», wehrte er ab, «ich versuche nur, die Dinge in Gang zu halten. Nur dann können sie geklärt werden.»

«Und hast du Vorstellungen davon, wie das ausgehen sollte?»

«Vielleicht, aber ich würde nicht einmal mit dir darüber sprechen, das mußt du verstehen.»

Ich seufzte und murmelte etwas Zustimmendes, und dann stürzte ich mich in die Arbeit. Das Abendessen war vorzubereiten. Es war der Abend, an dem ich das Recht hatte, am Familientisch zu sitzen und mit den Gästen zu essen. Ich wußte nicht, wie dieser Abend werden würde, irgendwie graute mir davor. Zwei Ehepaare, bei denen zuviel Reibung war, drei junge Menschen. Ich war froh, daß wenigstens mit Sabine und Gerhard alles geklärt war. Und ich freute mich auf «unseren» kleinen Victor. Einmal hatte ich ihn in der Klinik gesehen, und er war mir rosig und glatt und freundlich erschienen, ein glückliches Kind.

«O Gott, ist das heiß!» stöhnte Mareike am Tisch.

Ich schaute mich um, und als ich sah, daß noch keiner der Gäste da war, sagte ich:

«Bitte, sei vorsichtig mit diesen Äußerungen, Mareike. Wir haben hier Menschen, die kommen extra wegen der Hitze, sie verbringen ihren Jahresurlaub hier. Ja?»

Aurore stand Mareike wider Erwarten bei:

«Es ist aber heiß, und die Menschen, die hier wohnen, sagen es auch. Ich kenne nicht wenige Einheimische, die den Sommer dort verbringen, wo es kühl ist, nur weil sie es hier nicht aushalten.»

«Es gibt alle Sorten Menschen ...», versuchte ich diplomatisch zu sein.

«Mir jedenfalls geht es gut bei diesen Temperaturen», sagte Philipp, er wirkte in der Tat zufrieden. «Ich schalte dann herunter und bewege mich sowenig wie irgend möglich.»

«Du hast es gut, denn deine Ziegen mögen sich dann auch nicht bewegen. Also zieht ihr euch in so eine Art Hitzestarre zurück und wartet ab. Aber das ist nicht überall so, wir haben bei diesem Wetter zum Beispiel viel mehr Essensgäste, denn wer den Tag am Fluß verbracht hat, der geht abends in eine *ferme auberge* und läßt sich verwöhnen ...»

«Hallo, kommen wir zu spät?» fragte Harald.

Ich bekam einen Schreck, denn die beiden Ehepaare hatten den ganzen Nachmittag gemeinsam gezecht. Sie waren nicht mehr ganz nüchtern, hoffentlich würde das gutgehen. Und in mir revoltierte es.

«Können wir morgen nicht mal nach Avignon fahren? Ich wollte schon so lange dorthin», sagte Mareike zu Martin.

«Morgen kann ich leider nicht, da muß ich nach Montpellier. Es ist der letzte Tag, an dem ich mich für Weinbau einschreiben kann. Wenn ich es später mache, riskiere ich, daß ich noch ein ganzes Jahr warten muß.»

Mareikes Gesicht veränderte sich, Enttäuschung und Wut waren deutlich zu lesen.

«Ach, du willst hier studieren?» fragte Aurore interessiert.

«Ja. Ich habe vor, hier in der Gegend zu bleiben und Wein zu machen.»

«Ich finde das hervorragend, wirklich. Ich freue mich, daß du hierbleibst. Ich werde auch in Montpellier studieren.»

Ich kannte Aurore gar nicht wieder, sie war plötzlich so energisch und eindeutig. So kannte ich sie gar nicht.

«Wir sind an diesem Nachmittag Freunde geworden, alle vier», sagte Niko, und seine Sprache war vom Lallen nicht sehr weit entfernt.

«Na, dann viel Spaß», sagte Mareike zu Martin und Aurore und stand auf, daß ihr Stuhl fast hintenübergekippt wäre. Sie ging fort, über den Hof, in die Garrigue, wie mir schien.

«Martin, du kannst sie doch nicht einfach so gehen lassen.»

«Er hat ihr nichts getan, Charlotte», mischte sich Philipp ein. Er hielt sich meistens raus, doch wenn er Partei ergriff, dann um so energischer.

«Wenn ich gewußt hätte, daß Christine mit einem so netten Mann verheiratet war, hätte ich ihn schon lange mal kennenlernen mögen», sagte Niko und fügte hinzu: «Gibt's hier denn gar nichts zu trinken?»

Ich wollte eigentlich nur noch fort, weit fort, das hier wuchs mir alles über den Kopf. Zum Glück wurde in diesem Moment das Essen aufgetragen. Es gab an heißen Tagen wie diesen nur Kaltes, Suppe, Gemüse, Salat, Dessert. Die meisten Gäste lehnten wegen der Hitze den Wein ab, nur Harald und Niko langten noch einmal kräftig zu. Das konnte nicht gutgehen. Sibylle stand auf und ging unsicher zur Toilette.

«Harry, ich glaube, du bist jetzt mein Freund», lallte Niko beim Kaffee nach dem Essen.

Er sah nicht den Seitenblick, den Harald seiner Exfrau zuwarf, ich jedoch sah ihn um so deutlicher, und ich bekam eine Gänsehaut.

In diesem Moment kam Gerhard an den Tisch.

«Hallo, da bin ich», rief er fröhlich. «Gibt's noch was für mich?»

«Wie geht es denn den beiden in der Klinik?»

«Hervorragend, sie kommen morgen nach Hause. Ich habe Windeln im Auto, und alles, was man noch so braucht.»

«Victor ist wie Georg, meine Lieblingspuppe», sagte Anna aufgeregt, die Gerhard begleitet hatte. Sie hatte rote Wangen vor Freude, daß sie endlich ihren Bruder nach Hause würde holen können.

«Komm, trink ein Glas mit mir», forderte Harald seinen neuen Freund Niko auf, der freudig reagierte.

Als Niko die Augen verdrehte, brachte Christine ihn nach Hause. Als sie wieder herauskam, hatte Harald auch Sibylle ins Bett gebracht. Die beiden Ex-Eheleute brachen auf zu einem Abendspaziergang in die Garrigue, und ich ärgerte mich, daß sie das so offen unter unser aller Augen machten. Morgen würden wir alle lügen müssen.

Als ich aufstand, um wieder zu Guy in die Küche zu gehen, kam Mareike zurück.

«Hast du einen Spaziergang gemacht?» fragte Aurore.

Plötzlich fand ich sie ein wenig scheinheilig, und ich sah auch, daß sie in Kampfstimmung war. Jetzt war es mir ganz klar: Sie interessierte sich für Martin, und sie wollte nicht einfach aufgeben.

«Martin, ich werde abreisen!» verkündete Mareike mit fester Stimme und ging ins Haus. «Es hat keinen Sinn mit uns. Wir kommen nie zusammen.» Ich war froh, daß sie es auf deutsch sagte.

Aurore schaute sie interessiert an. Verstand sie eigentlich Deutsch?

«Ich fahre morgen gleich.»

«Verbringt sie ihre Ferien nicht hier?» fragte Aurore.

Sie klang überrascht, sehr erstaunt. Verstellte sie sich eigentlich, fragte ich mich? Ich seufzte, nahm das in diesem Jahr denn alles gar kein Ende?

«Dann muß es eben so sein», brummelte Martin, machte einen langen Spaziergang durch die Garrigue und bat mich danach um einen Platz für diese Nacht auf unserem Sofa.

Später, als Guy und ich in der Küche fertig waren, standen wir vor der Tür, unter einem samtblauen Himmel, in dem ungeheuer viele Sterne funkelten.

«Habe ich dir schon gesagt, daß Inke im Herbst kommen wird?» fragte Guy, in seinem Gesicht das größte, stolzeste Männerlächeln, das man sich vorstellen kann.

«Nein, haben wir denn da etwas frei?»

Meine Naivität kannte keine Grenzen.

«Ich schon ...», grinste er hinter mir her, als ich bereits auf dem Heimweg war.

«Da bist du ja endlich, meine liebe, liebe Charlotte», sagte Philipp zärtlich, als ich mich neben ihn auf einen der Gartenstühle setzte. Seine Stimme tat mir so unendlich wohl, ebenso wie seine Gegenwart, und wir warteten nur noch eine Weile, dann flüchtete ich mich in seine Arme. Dort war ich wirklich zu Hause. Immer.

Der Sommer im Midi konnte heiß sein.
Und sehr anstrengend.

SELBSTGEMACHTE TAGLIATELLE MIT LAENDLICHEM ZIEGENKAESEPESTO

• 350 g Tagliatelle, aus Mehl, Ei und Wasser selbst hergestellt • 2 Bunde Basilikum • 150 g Ziegenkäse sec • 1 kleiner Ziegenkäse sec, zum Reiben • 2 Knoblauchzehen • 2 Kartoffeln • 150 g grüne Bohnen • 1 Glas sehr gutes Olivenöl • Salz und Pfeffer

Die Kartoffeln schneide ich in Scheiben und gebe sie in das kochende Salzwasser, in das ich nach 5 Min. die Bohnen gebe und nach weiteren 8 Min. die Nudeln, die noch einmal 3 Min. köcheln sollen. Hier kommt es auf die Einhaltung der Garzeiten an!
Inzwischen habe ich das Basilikum gehackt, das ich danach mit dem Knoblauch, dem Öl und dem fein zerbröckelten Ziegenkäse im Mörser zu einer glatten Paste zerreibe.
Die Nudeln, Bohnen und Kartoffeln gieße ich ab, wobei ich eine Tasse Kochwasser in das Pesto gebe, um es anzuwärmen und zu verflüssigen, lasse sie jedoch nicht lange abtropfen, dann vermische ich Nudeln und Gemüse gründlich mit dem Pesto, reibe noch etwas Ziegenkäse darüber und serviere alles sofort, sehr heiß.
Dazu trinken wir unseren eigenen *vin de pays.*

Victor kam pünktlich zum Dorffest nach St. Martin. Er hatte eine kräftige Stimme und würde von Anfang an in dieser südfranzösischen Welt aufwachsen. Er war der einzige von uns Deutschen, der nicht aus Deutschland gekommen war.

«Ich finde Puppen doch besser», verkündete Anna nach einigen Stunden verklärten Betrachtens. Es klang endgültig.

Weil Sabine ausfiel, war es nicht einfach für uns, wie im letzten Jahr Ausflüge in die Arena zu organisieren. Wir taten es trotzdem. Guy übernahm an diesen Tagen die Abendküche ganz, damit ich mit Philipp und unseren Gästen, immer noch ausschließlich Deutsche, in Ruhe das südfranzösische Landleben genießen konnte. Die ausgelassene Atmosphäre der ländlichen Feste im Midi hat einen ungeheuren Charme, nicht nur für einen nördlichen Menschen, wie andere Beispiele französischer Zugereister zeigten. Manche französischen Createure kamen jedes Jahr extra für die Feste und Spiele in die Dörfer, zu denen alle Menschen aus ihren Häusern kamen. Mit Kämpfen hat die hiesige Form des Stierkults nichts zu tun, sondern mit akrobatisch-athletischer Ausgelassenheit, es ist mehr ein Spiel Mensch gegen Stier, wobei der Stier eindeutig der Stärkere ist, der Mensch jedoch wendiger und pfiffiger.

«*Taureau!*» klang es von den langen Bänken, auf denen auch wir, sorgfältig vor der sengenden Sonne geschützt, mit unseren lieben Gästen saßen, mit einem Picknick und der sommerlichen *limonade basque*, jenem eisgekühlten köstlich-erfrischenden Getränk aus Rot- und Weißwein, Zitronensaft und -schale und Zucker. Die *razeteures*, die jungen, weißgekleideten Männer, die dem Stier die Kokarden von den spitzen Hörnern reißen mußten, rannten und sprangen durch die staubige Arena, stets auf der Flucht vor der furchterregenden Bestie. Die Zuschauer jauchzten und stöhnten bei jedem Sprung, die Blechmusik tönte weit und laut, und der Ansager begleitete jede Aktion mit pathetischem Eifer.

«Meine Reifen sind zerstochen worden, alle vier», klagte Harald, als wir wieder in St. Martin waren. Ich deckte gerade den Tisch für unsere Abendmahlzeit, Philipp half mir.

Wir riefen einen Reifendienst an, der innerhalb von zwei Stunden vier neue Reifen lieferte und sich über den schönen Auftrag freute.

Beim Abendessen verbreiteten Sibylle und Harald, Niko und Christine eine Stimmung am Tisch, die man auf keiner Trauerfeier findet. Alle vier waren sie schrecklich verstimmt, stocherten lustlos im Essen herum und sagten kein Wort. Bald verstummten auch die Gespräche unserer anderen Gäste, und alle blickten stumm über den Tisch. Nach und nach verabschiedeten sich alle, machten noch einen Spaziergang, setzten sich mit einem Glas ins Gras der Garrigue oder auf die Steine unserer Kapellenruine, und andere gingen gleich in ihre Häuser, um sich für den nächsten Tag auszuschlafen. Die vier hatten den restlichen Tag verdorben, und ich wußte nicht, was ich dagegen tun konnte.

Victor lag in seinem Korb und träumte selig, und Sabine flüsterte mir vor dem Schlafengehen zu: «Charlotte, ich bin so glücklich.»

Am nächsten Morgen, Philipp, Martin, Gerhard und ich saßen bei einem frühen Frühstück, hörten wir erst einen markerschütternden Schrei, dann sahen wir Niko auf den Platz laufen und wild um sich blicken.

«Christine, wo bist du?» schrie er aus Leibeskräften. «Christine?»

Da erschien Sibylle in der Tür und sagte:

«Harald ist auch fort, Niko, ich glaube, das Schreien hat keinen Sinn.»

Tatsächlich, Haralds Auto war fort, die beiden Expartner waren offenbar geflohen. Sibylle brach in Tränen aus, Niko ging fluchend auf und ab und sagte vor sich hin:

«Wenn ich den erwische! Wenn ich den erwische!»

Und ich beschloß, mich herauszuhalten, so gut ich konnte. Was ging das alles mich an?

«Müssen wir nicht irgend etwas unternehmen?» fragte Sabine mitfühlend.

«Und was? Harald und Christine feiern jetzt in irgendeinem Hotelzimmer ihre private Wiedervereinigung, und morgen streiten sie sich, und jeder kehrt zu seinem Ehepartner zurück. Für wen willst du also heute Partei ergreifen?»

«Na ja, vielleicht hast du recht», sagte Sabine, überzeugt war sie jedoch nicht.

Sibylle weinte zwei Tage, und Niko wich nicht von ihrer Seite. Sie kümmerten sich umeinander, sie waren im Leid vereint. Ich fand es gut für alle beide. Sie würden sich gegenseitig helfen, mit dem Verlust fertig zu werden.

Nach vier Tagen standen plötzlich Harald und Christine vor mir.

«Frau Hager, wir haben beschlossen, wieder zu heiraten. Es war ein Fehler, sich zu trennen, wir werden jetzt zusammenbleiben», erklärten sie feierlich.

«Ich würde vorziehen, daß Sie das Ihren Ehegatten selbst erzählen», sagte ich, denn ich hatte in der Tat Angst, diese Aufgabe übertragen zu bekommen. Ich muß mit meiner Ahnung nicht weit von der Realität gewesen sein, denn sie baten mich:

«Würde es Ihnen vielleicht etwas ausmachen, die beiden herzubitten? Es ist vermutlich besser, wenn wir für diese Aussprache nicht ganz allein sind, meinen Sie nicht auch?»

Ich starrte sie an und spürte, wie ich unendlich und abgrundtief böse wurde. Nein, nicht wütend, ich fühlte mich nur ausgenutzt und überstrapaziert. Martin, der gerade neben mich getreten war, schien das zu spüren und sagte schnell, ohne daß er genau wußte, worum es ging:

«Ich mache es. Soll ich die beiden herbitten?»

Sie nickten, und er ging los. Ich stand auf und verzog mich wortlos in mein Wohnzimmer, ich wollte davon nichts wissen. Martin erzählte mir später, die beiden hätten im Bett gelegen, auf dem Tisch Champagnerflaschen. Ich wollte damit nichts mehr zu tun haben. Zum Schluß war ich froh, daß sie vernünftig genug waren, abzureisen und nicht noch in St. Martin umzuziehen, um das neue Arrangement sofort auszuprobieren. Ich fand jedoch, daß sie eigentlich auch zu viert ein Haus hätten nehmen können, bei sich zu Hause.

Zum Glück hatten Vorkommnisse wie diese mit unseren sonstigen lieben und freundlichen und dankbaren Gästen überhaupt nichts zu tun. Es war eine Freude, sie bei uns zu haben. Es war familiär und natürlich bei uns, und darauf legten wir großen Wert. Es machte dabei nichts, daß Sabine irgendwann wieder ihre Kunstkurse gab – mit einem Säugling im

Umhängetuch, der von Zeit zu Zeit gestillt werden mußte. Ich fand, das machte es alles nur noch schöner und familiärer.

Nur in mir ballten sich die Probleme zu einem ungeheuren Wust. Mir wuchsen die Dinge endgültig über den Kopf, als Philipp abends im Bett zu mir sagte:

«Ich werde morgen in den Ziegenstall ziehen, Charlotte.»

«Was …?»

«Was wir haben, das ist doch keine Ehe mehr. Wir leben hier nebeneinander her, und zum Schluß weiß ich gar nicht mehr, was uns eigentlich noch verbindet.»

«Wir arbeiten viel.»

«Ja, aber wir vereinsamen, merkst du das denn nicht? Du bist immer nur mit Guy zusammen …»

Ach so, das war es also. Da hatte ich seine seltsamen Blicke doch richtig gedeutet. Es war zuviel. Ich stand wortlos aus dem Bett auf, schloß die Fenster und die Türen, dann stellte ich das Radio laut, und dann schrie ich. Ich schrie, so laut ich konnte, ich schrie aus meinem Kopf, aus meinem Bauch, aus meiner Brust. Ich schrie, weil ich mir endlich Luft machen mußte. Philipp sagte etwas, doch ich hörte ihn nicht. In mir war nur meine Stimme, und die erschien mir nicht mehr menschlich. Ich holte einige Male Luft und schrie weiter. Bis ich nicht mehr konnte. Ich schrie die Luft zu Ende, die ich noch in meinen Lungen hatte, und dann fiel ich aufs Bett. Ich konnte nicht mehr, ich konnte nur noch warten, bis die Tränen kamen.

«Ist alles in Ordnung?» fragte Martin vor der Tür.

«Ja, ich denke schon», sagte Philipp. «Mach dir bitte keine Sorgen, mein Junge, dieses Mal jedenfalls nicht.»

Er stellte das Radio ab und nahm mich in seine Arme.

«Ich liebe dich, Charlotte», sagte er. «Ohne dich bin ich gar nichts. Komm zu mir zurück, sonst ertrage ich das Leben nicht.»

Ich schloß die Augen, lauschte seiner Stimme, fühlte seine starken Arme, seinen Körper. Endlich war er wieder bei mir. Ich hatte ihn so gebraucht.

Aurore kam jetzt häufig zu uns und verbrachte viel Zeit mit Martin, aber auch mit mir. Sie aß bei uns, sie half Sabine oder mir, und sie ging mit Martin auf seine organisierten Naturwanderungen. Manchmal kamen auch Henri und Marie, ihre Eltern, zum Essen, und dann saßen wir alle zusammen wie eine große Familie. Für mich war das wie die Erfüllung eines sehr sehnlichen Wunsches, ich war sehr, sehr glücklich.

Und dann kam der 1. September, und Guy bat mich:

«Kannst du mich heute mittag vertreten? Ich habe etwas vor.»

Natürlich konnte ich. Wie häufig hatte er mich vertreten, ohne ein einziges Mal zu murren. Unsere Zusammenarbeit war überhaupt wundervoll, denn jeder konnte sich auf den anderen ganz und gar verlassen, und weil Guy wirklich mit Leidenschaft kochte, konnte ich ihn jederzeit darum bitten, mich zu vertreten.

Er kam erst gegen Abend zurück, und aus seinem Auto stieg Inke.

«Charlotte!» rief sie mir von weitem zu, und dann lief sie mir entgegen und fiel mir in die Arme wie eine alte Freundin. Es war schön, sie wiederzusehen, es tat mir richtig gut. Und erst da fiel mir ein, daß Guy sie ja bereits im Sommer angekündigt hatte. Die Weinernte stand vor der Tür, und Guy wartete auf seine Familie, die wieder einmal von überall her in

Frankreich, sogar aus Nordspanien angereist kam, um hier ihr großes Familienfest zu feiern und uns bei der Ernte zu helfen. Dieses Mal, mit dem Eßsaal unserer *ferme-auberge* waren wir auch bestens für die vielen Menschen gerüstet.

«Meine Güte, bin ich froh, wieder hierzusein. Ich habe die ganze Zeit an euch denken müssen.»

«Na, das wird ja wohl auch Guy gewesen sein, an den du gedacht hast, nicht?»

«Seht her, ich bin jetzt auch schon fast ein Deutscher», sagte Guy, legte den Arm um Inke und drückte sie fest an sich. «In Zukunft haben wir hier Victor, einen Deutschen, der ganz Franzose sein wird, und wir haben Guy, unseren germanisierten Franzosen, der kein Wort Deutsch spricht.»

Er lachte fröhlich. Für ihn schien das Leben immer auch witzig zu sein. Es war eine bewundernswerte Fähigkeit.

«Dich kenne ich, du warst schon mal da», stellte Anna fest. «Bleibst du jetzt hier?»

«Nein», sagte Inke, «ich kann nicht bleiben.»

Noch nicht, dachte ich, und ich sollte mich nicht täuschen.

Und nun begann wieder jenes große Fest mit Arbeiten, Singen, Essen und Trinken und Feiern bis spät in die Nächte, die nicht mehr ganz so heiß waren, doch mit einer Strickjacke konnte man es gut aushalten.

Da standen wir dann alle gemeinsam in den Weinfeldern, mit gebeugten, schmerzenden Rücken, und schnitten eine Traube nach der anderen mit einer Schere vom Ast. Wir füllten Eimer um Eimer, Wagen um Wagen, und der Wein wurde gepreßt und in die Tanks gefüllt, während der Wein vom Vorjahr bereits getrunken wurde. Es war eine schöne Zeit.

Unsere arme Anna jedoch hatte Probleme, sich auf ihre

veränderte Familiensituation einzustellen. Ihr Bruder Victor schien aus ihrer Sicht die gesamte Aufmerksamkeit ihrer Mutter auf sich zu ziehen, und Anna stellte endgültig fest, daß er keine Puppe war. Er schrie mehr, als ihr lieb war und sie eigentlich genehmigen mochte, und sie mußte mit Erstaunen feststellen, daß er ein richtiger Mensch war, der Platz beanspruchte. Sie wandte sich erst Guy zu, dann begann sie eine enge Beziehung zu Olli, der ihr einige Tage lang von morgens bis abends im Fünfzehn-Zentimeter-Abstand folgte, und schließlich versuchte sie, sich Philipp anzuschließen, denn der hatte immerhin eigene Ziegen. Dann jedoch begann ihre Schule wieder, und der Ernst der Situation nahm sie ganz gefangen.

«Wir haben einen Neuen», sagte sie, «der heißt Guillaume. Ich glaube, den werde ich heiraten. Er ist ziemlich nett.»

Die Ernte war eine turbulente Zeit, in der viel geredet und noch mehr gelacht wurde. Philipp bekam für seinen Ziegenkäse eine Goldmedaille auf der Landwirtschafts-Ausstellung.

«Meine Güte, haben diese Menschen ein Temperament! Ich meine die Familie von Guy», staunte Inke. Sie mußte abreisen.

«Kommst du wieder?» fragte ich.

«Wenn ich darf?»

Das würde Guy entscheiden müssen, allerdings gemeinsam mit ihr.

Der Midi war nicht durchgehend aufnahmebereit, das wußten wir.

Doch von Zeit zu Zeit öffnete er seine Tore sehr weit.

LAMMPAECKCHEN IN ZIEGENKAESEKRAEUTERSAUCE

• 2 ausgelöste Lammrücken (ca. 800–900 g) • 1 Bund Lauchzwiebeln • frische Lorbeerblätter • frische Mittelmeerkräuter: Oregano, Thymian, Rosmarin • 200 g Quark 20 % • 100 g Ziegenkäse frais • 4 EL Olivenöl • 1½ TL Salz • frisch gemahlener Pfeffer • Backpapier

Das Fleisch schneide ich etwa in 3 cm große Würfel, die ich in kochendes Salzwasser gebe, einmal aufkochen lasse und sie auf einem Sieb abtropfen lasse. Ich schneide die Lauchzwiebeln in Ringe, hacke die Kräuter, mische alles mit dem Quark und dem Ziegenkäse und 3 EL Olivenöl und würze die Masse mit Salz und Pfeffer. Dann menge ich das Fleisch darunter und lasse alles zusammen etwa eine Stunde durchziehen.

Pro Portion nehme ich 2 Bögen Backpapier, die mit Öl bepinselt und mit einem Lorbeerblatt belegt werden. Dann gebe ich Fleisch und Käsemasse auf das Blatt, nehme die Papierenden, drehe sie fest zusammen und verschließe sie mit Garn.

Die Päckchen gare ich 50 Min. bei 190 ° auf dem Backblech.

Dazu trinken wir einen roten St. Chinian vom Château Moulinier.

*K*ulturschaffende wider Willen?

Der Spätsommer begann freundlich. Das Wetter blieb warm und sonnig, selbst die Abende waren noch lau. Wir hatten immer noch viele Gäste, vorwiegend sympathische, ruhige Menschen mittleren Alters, doch es waren jetzt wieder einige Wohnungen frei. Anna ging täglich nachschauen, ob Kinder gekommen waren. Sie wollte nicht wahrhaben, daß deutsche Kinder nur in den Ferien kommen können.

Martin und Aurore fuhren täglich gemeinsam nach Montpellier, und sie richteten es so ein, daß sie abends gemeinsam zurückfahren konnten. Ihre Beziehung blieb jedoch neutral. Ich war ganz froh darüber, denn Probleme hatte ich in diesem Sommer mehr als genug miterleben müssen. Ich hatte den Eindruck, es war vor allem Aurore, die Martin ein wenig auf Distanz hielt – wenn auch auf eine sehr freundliche, warmherzige Weise. Sie schien ihm zu erkennen zu geben, daß sie ihn mochte, doch mehr war für den Moment nicht drin. Ich denke, diese Ruhepause tat beiden gut.

Während wir uns noch über eine neue Nutzung des Biohofes gemeinsam mit Henri und Marie de La Ville Gedanken machten, verschwanden unsere dortigen Mieter bei Nacht und Nebel. Guy war es ohnehin leid, täglich aufs Land zu fahren, und bewohnte seit Anfang Juli unsere eigene Gästewohnung. Jetzt hatte er vor einigen Wochen darum gebeten, auf dem Biohof ein Häuschen zu renovieren und es zu mieten, und schon war es frei, als hätte der Himmel seine Bitte erhört.

«Wir würden auch gern auf den Biohof ziehen», sagte Gerhard, «dort hätten wir mehr Platz, und irgendwie finden wir, daß wir als junge Familie ein wenig mehr Abstand zu eurem Leben gut gebrauchen könnten. Wir müssen uns ja erst noch finden.»

«Sonst wird alles so bleiben wie jetzt», fügte Sabine hinzu. «Wir verbringen den Tag hier, nehmen die Mahlzeiten hier ein, und in der übrigen Zeit bleiben wir drüben. Und die Ziegen können wir hier im gewohnten Stall lassen und wie gewohnt versorgen, wenn man uns braucht.»

Recht hatten sie, ich hatte mir bereits einige Gedanken gemacht, ob es für sie auf Dauer gut wäre, immer in unserer unmittelbaren Nähe zu leben. Zu Fuß waren es ja nur zehn Minuten Entfernung.

Dann kamen die Gemeindewahlen, und der alte Bürgermeister wurde abgewählt. Was sollte das mit uns zu tun haben?

«Wir holen uns dieses Mal aber rechtzeitig eine Baugenehmigung für den Pool», sagte Philipp bestimmt. «Da bin ich ein gebranntes Kind.»

Nach dem Ärger und den Schwierigkeiten im letzten Jahr gab es für uns gar keine andere Möglichkeit. Wir fuhren gemeinsam nach St. Jean d'Hortus und gaben den Antrag ab.

«Bonjour», sagte der neue Bürgermeister freundlich und schüttelte uns die Hand. Wir wollten nicht denselben Fehler machen wie beim letzten Mal und luden ihn zum Aperitif nach St. Martin, wenn er «das nächste Mal in der Gegend wäre». Er versprach zu kommen.

Der Bürgermeister hielt sein Versprechen.

«Muscat, Pastis, Whisky oder Bier?» fragte Philipp so artig wie möglich. Man hatte uns in den drei Jahren Respekt beigebracht.

Wir tranken auf das Bürgermeisteramt, auf St. Martin, auf gute Zusammenarbeit und die Gesundheit, und dann sagte der Bürgermeister:

«Als ich in Ihr Dossier schaute, fielen mir die Baugenehmigungen vom letzten Jahr in die Hand.»

Wir lächelten freundlich, sie waren ja dann doch noch genehmigt worden.

«Sie sind erst abgelehnt worden, dann jedoch nachträglich noch einmal genehmigt.»

Wir lächelten immer noch, der Schreck von damals war jedoch noch spürbar.

«Das war illegal, sie sind nicht gültig.»

Philipp und ich lächelten so lange, bis wir die Tragweite dieser Aussage begriffen. Ja, das dauerte.

«Illegal?» fragte Philipp und setzte hinzu: «Das kann nicht sein.»

«Doch, leider ist es so. Wir müssen diese Genehmigungen wieder zurückziehen.»

Das war nicht möglich, das war grausam.

«Bleib ruhig, Charlotte», sagte Philipp auf deutsch.

«Was hat Ihr Mann gesagt?» wollte der Bürgermeister wissen.

«Wir sollten uns einen Anwalt nehmen.»

Der Bürgermeister lächelte freundlich und nippte an seinem Pastis.

«Ich denke, das wird nicht nötig sein. Die Baugenehmigungen sind leider ungültig. Sie sollten froh sein, wenn kein Verfahren angestrengt wird, gegen den alten Bürgermeister, aber auch gegen Sie ...»

Philipp und ich waren so entgeistert, daß wir seine ausgestreckte Hand einfach schüttelten. Und dann fuhr der neue Bürgermeister davon, in einer Staubwolke.

«Ist es möglich!?» entfuhr es Philipp.

«Offenbar sind diese Dinge möglich», mußte ich sagen. «Die Frage ist erst einmal, was ist legal, was illegal, oder?»

Wir fragten in der Tat einen Anwalt. Er riet uns, doch noch einmal neue Anträge zu stellen und zu warten, was passiert. Er verzichtete freundlich darauf, uns den Rat zu berechnen. Wir jedoch riefen Yves an, Claudes alten Freund, der mit Deutschen nichts zu tun haben mochte.

«Sie sollten sich an den alten Bürgermeister wenden», sagte er, und das taten wir. Wir luden ihn einfach ein, und er kam gern. Ehemalige Bürgermeister werden nicht viel eingeladen, man hält sich an die Inhaber der Macht.

«Rein formell hat er wohl recht. Diese Genehmigungen sehen nicht gut aus, wenn man sie wieder hervorholt. Auf mich wurde damals Druck ausgeübt … Sie wissen schon …

Sie haben nur eine Möglichkeit: Melden Sie einen gemeinnützigen Verein an, der ein Kulturzentrum betreiben will. Die Partei des neuen Bürgermeisters steht der Kunst sehr nahe, vor allem wenn sich jemand um die regionale Kunst kümmert, wenn er die Kunst zu den Menschen aufs Land holt.»

«Ein Kulturzentrum?»

«Ja, eine Galerie zum Beispiel, in der auch Veranstaltungen durchgeführt werden können. Platz haben Sie ja.»

Ja, Platz hatten wir, nur eine Wahl nicht.

Wir beantragten die Gründung einer gemeinnützigen *association*, die nicht profitorientiert arbeiten sollte, wir beantragten die Baugenehmigung für eine Galerie, die wir *centre d'art* nannten. Beide Genehmigungen waren innerhalb einer Woche bei uns, der neue Bürgermeister brachte sie uns persönlich, sehr freundlich lächelnd.

«An welche Art Ausstellungen dachten Sie denn?»

«Nun, da ist einmal die FRAC, die Sammlung moderner Kunst der Region Languedoc-Roussillon, die immer wieder Galerieräume sucht, um den Bewohnern der Region die Sammlung zu zeigen, und dann dachten wir daran, daß jeder aus der Gegend diese Räume mieten kann, um Ausstellungen zu machen, vielleicht mit seinen eigenen Bildern. Damit wollen wir die Kunst auf dem Land fördern.»

«Ich finde Ihre Idee ganz großartig», sagte er, nicht ohne Bewunderung, aber irgendwie auch nicht ganz ohne Stolz auf seine eigene Leistung. «Sie wird gerade dem ländlichen Raum, der viel zu lange vernachlässigt wurde, ganz neue Impulse geben, da bin ich wirklich sicher. Wenn Sie für irgend etwas meine Unterstützung brauchen, rufen Sie mich einfach an.»

Er stand auf, und dann sagte er, sich wie in einem Columbo-Film leicht vorbeugend:

«Ach, übrigens, ich habe Ihre alten Baugenehmigungen noch einmal überprüft. Sie sind doch nicht zu beanstanden. Ich hoffe, Sie waren nicht allzu beunruhigt.»

Dann ging er und ließ Philipp und mich völlig perplex zurück. Zum Glück hatten wir uns jedoch in der Zwischenzeit so sehr an den Gedanken gewöhnt, daß wir uns mittlerweile tatsächlich bereits auf unsere erste Ausstellung freuten, die im Januar stattfinden sollte.

«Das bietet völlig neue Möglichkeiten für meine Arbeit», sagte Sabine hoffnungsvoll. Sie malte mehr denn je und hatte bereits eine stattliche Anzahl hervorragender Bilder auf Lager.

«Wir werden uns gut darum kümmern, ihr werdet sehen», versprach Gerhard, und wir machten ihn zum Vorsitzenden unseres gemeinnützigen Vereins, Sabine und Philipp und mich zu Vizepräsidenten.

Und plötzlich sagte Guy, der sich alles in Ruhe mit angehört hatte:

«Und wißt ihr was? Wir verlegen die *ferme-auberge* auch auf den Biohof. Platz ist dort mehr als genug, wir können alles größer und schöner denn je machen, und wir melden ein Restaurant an. Dann wird euer Leben und das eurer Gäste nicht täglich von den vielen Essern gestört. Was meint ihr?»

«Wir haben jetzt ein Ferienzentrum, ein Restaurant und eine Kunstgalerie, wir könnten auch noch einen Campingplatz machen», scherzte Philipp.

Doch insgesamt fühlten wir uns alle recht feierlich.

Wir hatten ein Jahr lang viel gearbeitet, doch wir hatten auch so viel Geld verdient, daß wir uns diese ganzen Verbesserungen und Veränderungen gut leisten konnten.

«Also, ich will es euch im Vertrauen sagen: Ich hoffe, daß Inke im Laufe des nächsten Jahres hierherziehen wird, und dann brauche ich eine Wohnung, aber wir brauchen auch für sie etwas zu tun, was sie ausfüllt. Und dich, Charlotte, könnten wir dann wieder etwas entlasten, damit du dich wieder mehr um deine Feriengäste kümmern kannst.»

Für Guys Verhältnisse war das eine lange, sehr ernste Ansprache, und wir öffneten eine Flasche Champagner, um auf unsere neuen Pläne anzustoßen.

Das Leben im Midi bewegte sich ohne Unterlaß, und wir versuchten, mit ihm Schritt zu halten. Auch wenn mir manchmal war, als würde sich der Boden unter meinen Füßen bewegen, war unser Leben doch auch bunt und voller Ereignisse.

SUESSE ZIEGENKAESE IN BLAETTERTEIG

• 2 Pelardons demi-sec • 1 EL Olivenöl • 1 Prise Thymian • 1 EL Honig • 1 EL helle Rosinen • 1 Glas Marc oder Grappa • 1 Paket TK-Blätterteig • 1 Ei

Zuerst lasse ich die Rosinen in dem Marc durchziehen, bis sie ihr Volumen verdoppelt haben. Die Pelardons zerteile ich grob mit der Gabel, gebe das Olivenöl hinzu und den Thymian, dann salze ich leicht (Achtung, manche Käse sind salzig!), pfeffere und lasse die Masse 3 Stunden durchziehen. Dann gebe ich die Rosinen mit dem Marc und den Honig hinzu. Die Masse gebe ich auf vier Stücke Blätterteig, die ich mit je einem gleich großen Stück Blätterteig bedecke, an den Kanten gut andrücke und mit dem Ei bepinsele.
Im 210 ° heißen Ofen backe ich sie etwa 10 Min. und serviere sie heiß mit Brunnenkresse, darüber eine Vinaigrette aus Olivenöl und Zitronensaft, mit gerösteten Pinienkernen.
Dazu trinken wir Wasser oder einen Rest vom Rotwein der Hauptmahlzeit.

Déclaration d'Amour

Bis kurz vor Weihnachten hatten wir immer wieder schönes Wetter. Wir saßen häufig nachmittags draußen in der Sonne, sobald die Arbeit es erlaubte.

Aurore und Martin studierten fleißig in Montpellier, und obwohl sie in ihrer freien Zeit häufig nach St. Martin kam, gelang es ihr doch immer noch, Martin auf Abstand zu halten. Ich bekam das aus der Ferne mit, und ich muß gestehen, ich war froh darüber, daß mir von dieser Seite nicht wieder ein Problem präsentiert wurde. Ich konnte die Ruhe gut gebrauchen.

«Ach, laß uns doch mal irgendwann ausgehen» hörte ich Martin eines Tages sagen.

«Gern, aber ich habe so schrecklich wenig Zeit, weißt du. Vielleicht im neuen Jahr, ja?»

«Das dauert aber noch ziemlich lange.»

«Hast du es eilig?»

Wir luden Marie und Henri und Aurore zum Weihnachtsessen ein. Es sollte gleichzeitig ein Abschiedsessen in den alten Räumen werden, im Januar würde drüben auf dem Biohof neu eröffnet. Dieses eine Mal kochten wir nur für unsere Freunde, die de La Villes und uns, und ließen es uns so richtig gutgehen. Wir aßen viele Stunden Austern aus Bouzigues in Riesling-Gelee, mit *foie gras* gefüllten Wirsing, mit Trüffeln gefüllte Kartoffeln in Salzkruste, Hummer- und Crevettensalat, Baiser-Maronencrème-Torte, Nougatinetorte und zum Kaffee *tuiles d'amandes*, jene hauchdünnen gebogenen Karamelmandelkekse mit dem köstlichen Orangenaroma.

Plötzlich sah ich, daß Aurore und Martin, die sich gegenübersaßen, einander in die Augen schauten. Nein, sie waren im Blick des anderen versunken, und ich hatte das Gefühl, daß sie nichts um sich herum mehr wahrnahmen. Mir wurde klar, daß sie sich sehr nahe waren, ja, ich war plötzlich sicher, daß sie sich liebten. Sie wirkten auf mich mit einem Mal wie zwei reife Menschen, die sich nicht mehr gegen ihre Bestimmung auflehnten. Es rührte mich zutiefst.

«Ihr mögt euch, nicht?»

«Ja», gab Martin zu, offenbar froh, es endlich einmal aussprechen zu dürfen.

Aurore verkündete feierlich:

«Martin und ich, wir lieben uns.»

Henri stutzte kurz, dann sagte er:

«Also, Aurore, ich finde, bevor du überhaupt an jemanden denkst, solltest du zuerst einmal dein Studium beenden, oder?»

Er sagte es bestimmt, es klang endgültig. Er schaute sich um und schien auf der Stelle seinen Irrtum zu bemerken. Er wurde von allen Anwesenden entrüstet angeschaut.

«Henri», Marie sprach mit sehr mildem Tadel in der Stimme und einem honigsüßen Lächeln, «ohne Liebe wären wir beide niemals zueinandergekommen, und Aurore wäre niemals geboren worden. Hast du denn das vergessen?»

«Ja, aber ...»

«Die Liebe kennt kein Aber, Henri», sagte Marie, noch eine Spur milder, versöhnlich lächelnder.

«Vielleicht hast du recht.»

Er schien nachzudenken.

«Herzlichen Glückwunsch euch beiden», warf ich schnell

ein, bevor noch etwas anderes gesagt werden konnte. «Philipp und ich, wir finden die Liebe großartig. Ach was, sie ist das Größte, was Menschen an Energie aufbringen können. Nicht wahr, Philipp?»

Er legte den Arm um mich und küßte mich. Und dann stand er auf und küßte erst Aurore, dann Martin.

«Ohne Liebe könnte ich das Leben überhaupt nicht ertragen», verkündete er.

«Ich denke, du hast recht, mon ami.» Auch Henri stand auf. Er küßte erst Martin, dann Aurore. Zu ihr sagte er:

«Verzeihst du mir?»

Sie strahlte ihn an.

«Wir könnten ein Leben ohne Liebe auch nicht ertragen», sagten Sabine und Gerhard gemeinsam, im Gleichklang, und sie fingen an zu lachen, weil sie es nicht verabredet hatten.

In diesem Moment fing Victor an zu weinen.

«Was hat denn mein kleiner Bruder?» fragte Anna besorgt und strich ihm über den Kopf. Sabine strahlte, es war das erste Mal, daß Anna Sympathie mit Victor bekundete.

«Und du, Henri, könntest du denn ein Leben ohne Liebe ertragen?» fragte Marie ihren Ehemann.

«Natürlich nicht.»

Und weil es ein Tag vor Weihnachten war, standen wir auf und sangen gemeinsam «O Tannenbaum», und die de La Villes sangen «Mon beau sapin».

Und dann gestatteten Henri und Marie ihrer volljährigen Tochter, Silvester gemeinsam mit Martin bei Freunden von Aurore in Montpellier zu feiern, statt sittsam bei uns zu bleiben. Ich fand, das war ein ungeheurer Schritt in eine neue Zeit.

Die beiden jungen Menschen standen mit glühenden Wangen vor uns, und ich spürte, daß sie sich am liebsten geküßt hätten, doch sie trauten sich nicht. Noch nicht.

Da stand Guy auf und stellte Musik an, und dann bat er Marie zum Tanz. Henri tanzte mit mir, Philipp mit Aurore, und Martin gab Sabine und Gerhard ein Zeichen und schnappte sich Anna, die sich mit ihm im Kreis drehte und vor Vergnügen ihren Mund nicht mehr schließen konnte.

Und plötzlich fühlte ich mich wieder ganz jung, und als ich mich umschaute, sah ich, daß wir eigentlich alle waren wie Kinder, frei und losgelöst. Wenn wir uns bemühten, war das Leben nicht bedrückend, nicht beengend, nein, es war groß und schön und verlockend.

Der Midi hat für jeden etwas.

Ein kleines Französisch-Glossar

le loup-garou – Sagengestalt / Werwolf
l'école primaire – Grundschule
la ferme-auberge – Bauernhof und Gasthaus
le coquelicot – Klatschmohn
sec – trocken
demi-sec – halbtrocken
le lycée gastronomique – Fachschule für Gastronomie
la crème brûlée – französische Dessertspeise
le rouget – Rotbarbe
le confit des tomates vertes – eingelegte grüne Tomaten
le vin de pays – Landwein
la limonade basque – südfranzösisches Getränk aus Rot- und Weißwein, Zitronensaft und Zucker
une association – eine Vereinigung
une déclaration d'amour – eine Liebeserklärung
le foie gras – Gänseleberpastete
la tuile d'amandes – Karamelmandelkeks